공실에서 가장 먼저
탈출하는 비밀

전월세와
매매,
빌라부터
아파트
원룸까지

공실에서 가장 먼저
탈출하는 비밀

조복현 지음

트러스트북스

고속도로 나들목을 오가다 보면 누구나 한 번쯤 출구 전쟁을 겪는다. 답답하다. 지금 부동산시장도 마찬가지다. 5천만 원이나 떨어진 전세는 아무도 찾지 않는다. 전세금을 돌려주어야 하는데 가슴만 타들어 간다. 분양받은 아파트로 이사를 가야 하는데 지금 사는 집이 팔리지 않는 상황은, 마치 출구 전쟁을 겪는 나들목과 같다.

급상승한 금리 때문에 대출이자가 부담되어 집을 팔고 싶어도 팔리지가 않는다. 집이 언제 팔릴지 전세가 언제 빠질지 기약은 없고 이자만 올라간다. 가슴이 조여오고 숨이 턱턱 막힌다. 출구 전쟁 속에서 가격 내리기 경쟁도 그칠 줄 모른다. 이는 내 문제이기도 하고 지인의 문제이기도 하다.

나도 그랬다. 수년 전 전세금 9천만 원을 돌려주지 못해 발만 동동 굴린 적이 있었다. 역전세의 이유가 입주 물량 때문인지도 몰랐다. 그래도 어떻게든 해결해야만 했다. 결국 부동산 사장님과 친구들의 도움을 받아 가까스로 공실을 탈출할 수 있었지만, 하마터면 집이 짐이 될 뻔했다.

이처럼 과거에는 공실이 두려웠던 겁쟁이가 그 이후로 공실을 척척 해결하는 사람이 되었다. 그 해결법이 바로 이 책에서 공개할 '공실탈출 프로젝트'의 시작점이다.

이 작은 성공을 다른 사람에게도 실험해 보고 싶었다. 3개월 공실이던 친구 아파트가 1주일 만에 계약이 되었다. 어쩌다 일어난 행운일 수 있으니 다시 실험해 보았다. 거짓말처럼 또 4일 만에 계약이 되었다. 나와 친구들 아파트 네 건을 단숨에 성공시켰다.

공통점은 하나였다. 외면 받던 집을 사람들이 좋아하는 집으로 만들었고 그들에게 선택받았다. 여러 현장에서 작업하면서 사람들이 밝고 넓고 예쁜 집을 좋아한다는 사실을 알게 되었다. 그 사례들을 모아 전자책을 발행하고 강의를 했다.

강의를 수강한 사람들은 움직이기 시작했다. 공실탈출 프로젝트대로 집을 청소하고 환기하고 부동산 사장님들에게 알렸다. 어떤 집은 청소를 막 끝낸 후 자동차 시동을 걸다가 계약되기도 했다. 성공의 경험은 하루하루 쌓여갔다.

내 경험을 신뢰한 그들은 쉽게 임대했고 빠르게 매도했으며 부동산 사장님들에게 멋진 투자자라는 칭찬을 받았다. 누구도 훔쳐갈 수 없는 금고에는 자신감이 차곡차곡 쌓여가고, 가슴 졸이던 자금경색에서 해방되는 기쁨을 누렸다.

부동산 관련 문제로 혼자 눈물짓는 사람들은 지금도 많다. 운이 없어서가 아니다. 단지 어떻게 할 줄 몰라서다. 역전세로 전세금을 돌려주어야 하는 사람, 평생 모은 돈으로 산 집을 제 가격에 팔지 못하는 사람, 모두 두려운 마음이다. 피 같은 돈인데 지켜야 한다.

벌떡 일어나 커튼 열고 창문 열고 마음까지 열면 방법이 보인다. 열어젖힌 커튼 사이로 눈부신 햇살이 들어오고 바람이 분다. 질퍽하던 욕실이 뽀송해지면 한숨이 줄어들고 김치찌개 냄새가 금방 사라질 때쯤 원하던 계약은 이루어진다.

이 책은 부동산시장에서 살아남기 위한 내용으로 가득 채웠다. 성공적인 임대와 매도로 공실탈출 목표를 세우고 이 책에서 나온 대로 따라 하다 보면 어느새 만족스러운 결과를 얻게 된다. 당신도 더 좋은 아이디어를 찾고 영감을 받고 가장 확실한 특효약을 발견하리라 확신한다.

우리 집 살림살이 중 제일 감사한 전자제품은 세탁기다. 세탁기는 시작 버튼을 눌러야 움직인다. 이 책을 구입한 당신에게 감사를 전한다. 당신 마음의 시작 버튼은 내가 누르고 싶다. 이 책으로.

2024년 봄, 조복현

CONTENTS

공실에서 가장 먼저 탈출하는 비밀

1부 _ 성공하는 공실탈출 이야기

2부 _ 만족하는 공실탈출

3부 _ 공실탈출 핵심 노하우

4부 _ 공실탈출 인테리어

5부 _ 유연한 공실탈출

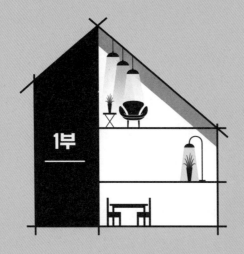

1부

성공하는 공실탈출 이야기

01

3개월 공실도 1주일 만에
최고가로 전세계약에 성공!

이 세상에 내 마음대로 안 되는 일이 어디 한두 가지인가. 깨끗하게 인테리어를 해 놓아도 찾는 이가 없다. 울산에 소형 아파트를 보유하고 있던 친구는 큰돈을 들여 인테리어를 해놨는데도 3개월째 공실이었다.

주변에 입주 물량이 많아 언제 전세계약이 될지 예측할 수 없어 걱정이 이만저만이 아니었다. 우리는 공실이라는 문제를 해결하기 위해 머리를 맞대고 의논했다. 결과는 대성공, 1주일 만에 최고 높은 가격으로 계약할 수 있었다. 공실이 발생한 원인부터 해결까지 지금부터 그 이야기를 시작해 본다. 친구는 공실이 된 원인을 주변 신축아파트 입주 물량 과다로 보고 있었다. 구축아파트에서 신축아파트로 이사하는 사람들이 많다 보니 자연스럽게 공실이 발생한다. 신축 입주 시기에 한 번씩 겪는 감기와도 같다. 한꺼번에 입주물량이 늘어나면 수요는 일정한데 전세 공급이 늘어난다. 신축도 구축도 임대가격이 낮아지고 가격 회복과 공실이 정리되기까지는 시간이 걸린다. 물량에 따라 다르지만 대략 6개월에서 1년 정도 기간이 지나야 안정이 된다. 이 기간에 전세만기가 돌아오면 임대인은 마음고생이 커질 수밖에 없다.

친구는 이런 상황을 알고 있었기에 미리 준비를 했다. 방 2개 10평대 아파트에 2천만 원 가까운 큰돈을 들여 인테리어를 한 것이다. 6층이라는 단점이 있기에 일반 인테리어보다 2배 정도 비용을 더 들여 멋지게 하고 싶었단다. 그런데도 공실 기간은 점점 늘어만 가고 있었다. 그렇다고 손 놓고 무관심으로 지내지는 않았다. 수시로 부동산 사장님들에게 연락했지만 대답은 한결같았다. 엘리베이터 없는 6층이라 집 구경도 안 가려고 한다는 것이다.

공실탈출이라는 목표를 달성하려면 문제 파악이 먼저다. 엘리베이터 없는 6층이 진짜 문제인지 확인이 필요하고, 해결 방법이 있는지 없는지 알아보는 것도 중요하다. 문제 해결은 현장 확인에서 시작된다. 우리는 먼길을 달려 어스름한 저녁에 울산 현장에 도착했다.

먼저 6층이라는 사실이 어쩔 수 없는 원인인지 알아보기로 했다. 계단은 경사도에 따라 피로도가 다르다. 어떤 계단은 만만하지만 어떤 계단은 보기만 해도 아찔하다. 경사도와 계단 넓이, 계단 개수가 복합적으로 작용한다.

건물 밖에서 6층을 올려다보았을 때는 까마득하게 느껴졌다. 무겁게 짐을 들고 올라가는 상상을 하면서 계단을 오르기 시작했다. 마음은 이미 등산하는 자세인데 발걸음은 편했다.

'어, 뭐지? 왜 이리 편하지?'

걱정만큼은 아니었다. 등산하려는 마음은 필요하지 않았다. 계단 기울기가 완만하여 오름이 수월하니 6층이라는 마음속 벽을 우리부터 해결할 수 있었다.

이제 부동산 사장님을 어떻게 설득할지 생각한다. 6층 물건 소개는 관심 밖으로 보였다. 2층에도 3층에도 좋은 집이 있는데 굳이 6층까지 올라와야 할 이유가 없다. 6층은 부동산 사장님이 소개하고 싶은 분명한 이유가 있어야 한다. 6층이라는 불편함을 넘어서는 무언가를 우리가 찾아야 한다.

이런 생각을 하면서 6층에 도착하니 듣던 대로 인테리어가 아주 잘 되어 있었다. 임대를 위한 인테리어는 보통 저렴한 마감재를 사용하지만 친구 집은 달랐다. 뒤쪽 베란다는 바닥뿐만 아니라 벽까지 타일로 마감해 무척 깔끔했다. 다른 방과 주방도 기대 이상이었다. 특히 앞 베란다는 파벽돌로 벽을 마감하고 바닥은 나무였다. 일반 가정보다는 카페 인테리어에 사용하는 마감재였다. 문제 해결은 현장에서 발견해야 한다는 생각으로 찾아온 우리는 보자마자 '카페 같은 베란다'로 콘셉트를 잡았다.

이제 우리가 감동한 집을 다른 사람도 볼 수 있게 해야 한다. 누가 봐도 '카페 같은 베란다'가 있는 집이어야 한다.

베란다와 베란다에서 본 야경

우리는 근처 다이소에 가서 와인 잔과 화분 몇 개를 구매했다. 알록달록 캔디는 와인잔을 빛내주기에 충분했다. 카공족이라는 말도 있으니 책이 있었으면 좋겠다는 이야기에 친구는 노트북을 꺼내왔다. 나무로 된 베란다에 식탁 매트를 깔고 소품과 노트북을 카공족처럼 배치하고 사진을 찍으니 베란다는 예쁜 카페 같은 공간으로 살아났다.

우리는 또 다른 단서를 아파트 관리사무소 게시판과 전봇대에 부착된 광고물에서 찾았다. 아파트 관리소 소장님에게 이사 세대가 종종 있다는 정보를 얻었고, 이사 세대가 있다는 말은 아무리 부동산 거래 절벽이라고 해도 거래된다는 뜻이어서 희망이 생겼다.

어쩔 수 없이 저녁 무렵 도착했지만 좋은 점도 있었다. 야경을 볼수 있었기 때문이다. 6층이라는 단점이 멋진 야경이 보이는 장점으로 바뀌는 순간이었다. 카페 같은 베란다에서 불빛이 반짝이는 야경을 보며 커피 마시는 상상을 하니 멋졌다. 장점을 하나씩 찾아가며 우리는 시끄럽게 웃고 떠들면서 즐거워했다.

내 집의 장점은 나 스스로 찾아야 한다. 우리 집 상세페이지를 부동산 사장님은 다 알 수 없으니 우리가 만들어야 한다. 우리를 들뜨게 하는 장점 포인트가 늘어가면서 6층이라는 단점은 관심에서 점점 멀어져갔다. 부동산 사장님들을 설득할 수 있을 만큼 장점이 많았다.

우리 집 상세페이지 속 장점은 우선 '카페 같은 베란다'가 있는 집이었다. 노트북과 와인잔 등 몇 가지 소품을 배치한 사진으로 충분히 설명 가능했다. 소박한 소품만으로 베란다가 살아났다.

다음은 야경이었다. 2층, 3층에서는 경험할 수 없는 특별함이다. '지금까지는 부동산 사장님도 6층을 올라오지 않았으니 이 보물 같은 공간을 알 수 없었겠구나' 하는 생각도 잠시 들었다.

우리 집 자랑거리를 알고 있다고 해서 바로 계약되진 않는다. 광고가 필요한 시점이 바로 지금이다.

우리는 좀 더 효과를 높이는 방법을 찾기로 했다. 더 많은 사람들이 우리 집을 보려면 더 많은 부동산 중개소의 활동이 필요하다. 우리 집에 관심 갖고 열심히 광고해줄 부동산 사장님이 중요하다. 현장에서 더 먼 곳에 위치한 부동산 사장님 연락처까지 모았다. 더 많은 광고를 할 기회가 생겼고 확률 게임이 시작되었다. 전세계약을 위한 광고 활동은 친구랑 둘이라서 더 신나게 할 수 있었다. 어떤 단계로 시작하여 성공에 이르렀는지 간단하게 살펴본다.

| 문자광고 전략 |

- 광고용 문자는 4단계로 나누어 발송한다.

- 1차는 불특정 다수에게 발송한다. 관심을 보이는 부동산 중개소를 찾는 작업이다. 모든 걸 오픈하면 관심이 없는 사람에게는 피곤함만 줄 뿐이다. 1차에서는 관심 여부만 체크한다.

- 2차 문자는 1차 문자에 대한 답변을 보면서 피드백을 한다.

- 3차 문자는 거래에 직접 도움이 되는 정보를 제공한다.

- 4차 문자는 계속 관리, 소통에 필요한 문자 내용으로 구성된다.

이 과정은 대략 3시간 정도 걸린다. 문자가 오가면서 부동산 사장님이 우리 물건을 기억하게 하는 전략도 포함된다.

우리 집은 바로 나 자신이다. 내 가치와 바꾼 현금이 투입된 곳이니 소중하게 관리해야 한다. 그런데 6층이어서 거절당하고, 엘리베이터가 없어서 거절당하고, 주차장 없다고 거절당하고, 3개월 동안 거절만 당한 친구 집은 이제 당당한 모습으로 광고를 할 수 있게 되었다. 우리가 1차로 수집한 부동산 연락처는 52개 정도였다. 1차 문자 내용을 살짝 공개해 본다.

| 1차 문자 |

"안녕하세요. 소장님! 연휴 잘 보내시는데 급한 마음에 올려봅니다. OO아파트를 소유하고 있어요. 큰돈을 들여 인테리어를 고급스럽게 해놓았는데, 소장님 도움이 절실히 필요합니다. 인테리어에 과한 투자를 해서 전세를 8천만 원에 놓고 싶은데요. 관심 있으신 분들 문자 주시면 동호수 보내드리겠습니다. 업무 중이오니 문자 부탁드립니다. 늘 소장님 사업이 번창하기를 기원합니다."

1차 문자는 불특정 다수에게 보내기 때문에 아파트 이름과 전세인지 매매인지만 오픈하고 "소장님 도움이 절실하게 필요합니다." "중개 가능하신 분은 연락 주시면 동호수 보내드리겠습니다"라고 보낸다. 이 문자에는 상대방이 중개 전문가임을 존중하며 도움을 요청한다는 의미가 담겨 있다. 문자 하나에 우리 아파트 정보를 모두 넣는다면 관심 없는 사람에겐 공해이니 간단한 정보만 담는다. 관심 있고 중개가 가능한 부동산 소장을 찾아가는 과정이다.

1차 문자를 받고 관심을 표현한 부동산은 11개 중개사무실이었다. 그중 정말 소통이 잘 되었던 부동산 사장님의 문자는 다음과 같다.

| **1차 문자 피드백** |

"안녕하세요. 00공인중개사 00입니다. 00사거리 00건물에 위치하고 있습니다. 매물에 대한 정보 좀 보내주세요. 최대한 빨리 손님을 맞춰보겠습니다. 감사합니다."

이 분은 해당 아파트와 거리가 좀 떨어진 곳에 사무실이 있어 '00사거리'라는 표현을 쓴다. 거리가 있지만 카페 같은 베란다가 있는 친구 집에 관심 있음을 알 수 있었다.

이번에는 2차 문자를 보낼 차례다.

| **2차 문자** |

"소장님 관심 가져주셔서 너무 감사합니다. 00동 00호이고요. 2천만 원 가까이 들여 올 수리 후 첫 입주라 이왕이면 깨끗하게 집 아껴주실 분 소개받고 싶습니다. 깔끔한 고급 트렌드 인테리어와 난방비 절감을 위해 단열, 보일러와 새시 교체, 초등학교 바로 옆, 00아파트 최고 뷰와 카페 분위기도 준

비했습니다. 남은 휴일 좋은 시간 되십시오."

2차 문자부터는 적극적인 홍보 타이밍이다. 1차, 2차 어디에도 단점은 말하지 않는다. 동호수를 오픈했지만 엘리베이터 없는 6층이라는 단점은 상상도 안 된다. 이 문자를 보면서 중개소는 무엇을 상상하고 어떤 고객을 생각할까? 세입자 거주 비용까지 아껴주는 단열공사 및 새시 교체, 한겨울 고장이라는 난감함을 덜어줄 보일러 교체, 멋진 야경 그리고 익숙한 단어 '카페 분위기'라는 문자를 보고 '바로 세입자를 물색해야겠군.' 이러한 상상을 해본다. 홍보 문구에는 부동산 사장님이 거래하고 싶게끔 마음을 움직이는 내용을 담아야 한다.

5월 12일 일요일에 1차 문자를 발송했고 11개 중개업소에 사진을 포함하여 2차 상세내용을 발송했지만 금요일까지 우리가 원하는 소식은 도착하지 않았다. 다음날은 토요일, 즉 직장인들이 방문하는 날인데 딱 한 명만 우리 집을 계약하면 된다. 부동산 사장님은 수십 개 전세 매물을 보유하고 있다. 우리는 어떻게 해야 할까? 우리 집을 제

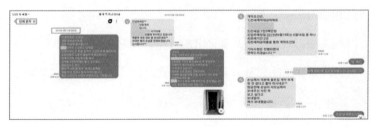

2차 문자 발송 내용

일 먼저 기억하고 소개할 수 있도록 환경을 만들어야 한다. 우리 아파트에 관심을 보였던 11명에게 3차 문자를 발송할 타이밍이다.

| 3차 문자 |

"소장님~ 일전에 인사드린 OO동 OO호 임대인입니다. 날씨가 갑자기 더워져 많이 힘들진 않으신지요? 주말에 전세 구하는 분 있으시면 2천만 원에 가까운 올 수리 후 첫 입주에 OO뷰도 좋고 위층 층간 소음 걱정 안 해도 되는 저희 집 꼭 소개 부탁드립니다. 젊은 분이라면 카페 분위기 좋아할 텐데, 주말에 좋은 소식 기다릴게요. 전세 8천만 원이지만 좋은 분 계시면 소액 조정도 가능합니다."

금요일 점심시간에 다시 문자를 보내게 되었다. 우리 물건을 기억해 달라는 메시지다. 정확히 12시 52분에 발송했다.

드디어 5월 17일 금요일 점심시간에 보낸 문자 바로 다음 12시 56분에 임대인을 찾는 문자가 왔다. 전화 달라는 부동산 사장님에게, "소장님, 감사합니다. 좋은 소식 왔으면 좋겠네요. 좋은 분이 오시면 소장님 재량으로 500만 원까지는 조정 가능합니다"라는 답문을 보냈다. 13시 15분 "지금 손님이 기다리고 계시는데 바로 보내 주실 수 있나요?" 집 내부 사진을 보내달라는 내용이었다.

5월 12일 일요일에 보낸 첫 문자를 시작으로 금요일에 사진을 요청하신 분이 최종 계약이 되었다. 사실 그동안 소식도 없던 물건인데 이렇게 일주일 만에 계약되리라고는 상상하지 못했다. 그저 최선을 다했을 뿐인데 너무나도 감사하게 계약이 되었다.

이제 그동안 소통했던 관심 사장님 11분에게 계약 체결 문자를 보낸다. 5월 19일 문자로 소장님에게 계약이 되어 감사하다는 이야기를 보내면서 친구 부동산도 같이 의뢰하는 내용을 보냈다.

| 감사 문자 |

"소장님, 주말 잘 보내셨는지요? OO아파트 OO동 OO 임대인입니다. 관심 갖고 신경 써주신 덕분에 저희 집 전세가 나갔습니다. 시장이 힘들어서 올해는 매도를 못했지만 내년 이후 좋아지면 매도까지 고려하려 합니다. 관심 끊지 마시고 다음에 인연 맺을 수 있도록 가끔 연락 나누면 좋겠습니다. 감사합니다, 소장님."

이렇게 감사와 다음을 기약하는 문자로 마무리했다.

- 5월 12일 1차 52개 단체 문자 발송
- 2차 11개 중개사무소에 상세 문자 발송
- 5월 17일 3차로 주말 관심 유도 문자 발송
- 5월 19일 가계약금 입금
- 5월 20일 계약 알림과 감사 문자 발송

외면 받던 6층은 처음 목표대로 8천만 원에 전세계약이 되었다. 4

천만 원짜리 매물도 있었으나 최고 높은 가격으로 계약되었다.

예쁜 집은 알려야 한다. 광고해야 한다. 예쁜 사진은 강력한 클로징 역할을 한다. 우리 집 중개에 관심 보이는 부동산 사장님을 찾고, 협력자로 존중하는 문자를 보내는 광고 시스템은 지금까지도 애용하는 방법이다.

밝고 넓어 보이는 예쁜 집은 훨씬 빨리 계약이 된다. 인테리어는 시간이 걸리는 작업이지만 길어지는 공실 고통보다는 훨씬 즐거운 일이다. 애써 단장을 했다면 적극적으로 알리기 바란다.

문자 시스템은 여러 가지 장점이 있다. 첫째, 현장 방문보다 시간이 절약된다. 둘째, 부동산 사장님을 직접 만나거나 대하기 어려운 사람에게 정말 좋은 소통 방법이다. 공실탈출 프로젝트로 1주일 만에 계약이 완료되면서 임대인도 나도 함께 기뻐했다.

도움말 _ 문자를 보낼 때 가독성이 좋은지 확인 절차를 거쳐야 한다. 내용이 다닥다닥 붙어 있다면 눈길조차 받을 수 없으니 여러 번에 걸쳐서 나에게 문자를 보내거나, 가족들 핸드폰으로 문자를 보내서 확인하는 정성도 필요하다. 광고임을 꼭 표시해야 하고, 부동산 사장님 연락처는 네이버부동산에서 얻은 개인정보이니 소중히 다루고 상업용으로 사용해서는 안 된다.

02

맑은 물이 콸콸 나오는 집으로
4일 만에 공실탈출 성공!

6층이라는 이유로 3개월 동안 외면 받던 공실이 1주일 만에 계약되었다. 과연 우연이었을까? 친구는 직접 경험한 신기한 일에 대한 강한 믿음을 갖고 있었다. 이번에는 친구인 김 선생 아파트도 공실탈출 프로젝트를 적용하고 싶어 했다. 같은 아파트 5층이었고 집 컨디션은 60점 정도였다. 부분수리를 통해 가격에 맞는 상품을 만들고 빠르게 전세계약에 성공한 이야기를 하려 한다.

친구 아파트처럼 전세계약이 되지 않은 1차 원인은 입주 물량이 많았기 때문이다. 또 하나는 김 선생 집 상태와 가격이 비슷한 매물이 많아 특별히 그 집을 선택해야 할 이유가 없었다. 5층까지 올라오지 않아도 2층 3층에 비슷한 매물이 많았다.

이럴 때는 우리 집을 선택할 만한 이유를 반드시 만들어내야 한다. 주변을 살펴보면 인테리어가 잘된 로얄층은 8천만 원대였고 급하게 전세를 놓아야 하는 물건은 4천만 원대였지만 집 상태가 너무 안 좋아 우리 경쟁상대는 아니었다.

사람들의 눈은 정확하다. 예쁜 집은 먼저 알아본다. 언제까지 공실로 둘 수는 없기에 6천만 원 정도 전세를 받기 위한 전략으로 부분수리를 선택했다. 범위를 정해 인테리어로 힘을 줄 곳과 덜 줄 곳을 구분했다.

제일 먼저 개선하고 싶은 항목은 낮은 수압이었다. 5층이다 보니 아래층 사람들이 물을 사용하면 김 선생 집은 물이 쫄쫄쫄 나왔다. 노후된 배관이라 녹물까지 섞여 나왔다. 이 불편함을 해결하면 임차인에게 선택받을 확률이 올라간다. 비용을 좀 지불하더라도 해결해야 하는 가장 시급한 문제였다.

다음으로 해결하고 싶은 곳은 욕실이었다. 욕실은 50점 정도였다. 자세히 보면 타일 상태는 좋으나 세면기와 양변기 같은 도기류는 교체가 필요했다. 욕실 전체를 리모델링하면 좋겠지만 비용을 생각하여 80점 정도로만 만들어도 상태는 좋아진다. 욕실 전용 페인트를 이용하여 벽면을 깨끗이 하고 도기류도 새 제품으로 교체하는 방법을 생각했다.

욕실 이외에도 부분수리로 비용을 절감하는 아이디어를 찾았다. 벽지와 장판은 깨끗하여 그대로 사용했다. 싱크대는 튼튼했지만 갈색이라 페인트로 색상 변화를 주고 싶었다.

이렇게 우리는 공실 원인을 입주 물량 과다와 상태가 비슷한 매물

Before

After

Before

After

들이 낮은 층에 많음으로 정리했다.

해결방법으로는 부분수리에서 찾았다. 부분수리를 하게 되면 어중간한 느낌으로 애매할 수도 있지만 인정할 만한 가격으로 정한다면 임차인에게도 나쁘지 않은 조건이라 생각했다. 합당하다고 생각되는 가격에 맞는 주거환경을 만들기로 결정했다. 우리에겐 어중간함도 애매함도 이길 비밀무기가 하나 더 있으니, 바로 공실탈출 프로젝트였다.

처음으로 해결한 일은 낮은 수압이었다. 가압펌프 설치 전문가를 찾았고 녹물까지 제거하는 작업을 완료했다. 쏴아 하고 쏟아지는 수돗물은 마음까지 시원하게 했다. 녹물을 제거한 깨끗한 물은 임차인 건강까지 소중하게 생각한 자랑거리가 된다.

욕실은 좀 공부가 필요했다. 가까운 벤자민무어 페인트 대리점을 방문하여 욕실 전용 페인트의 사용법을 자세히 안내받았다. 포인트는 프라이머를 바르고 3일 이상 건조 기간을 지켜야 한다. 타일은 페인트를 이물질로 생각하니 그 적응 과정이 3일 정도 된다.

잘 건조되었는지 확인하는 방법은 간단하다. 손톱으로 힘주어 긁어보거나 뾰족한 송곳으로 상처내기를 하면 느낌을 알 수 있다. 스크래치가 나면 더 건조해야 하고 부드럽게 지나가면 완료된 것이다. 이런 테스트를 거치며 욕실 타일은 페인트로 깔끔하게 마무리했다. 세면기와 양변기도 교체해 깨끗하고 단정한 욕실이 되었다. 욕실 점수는 우리가 처음 생각했던 80점 정도는 되었다.

기대보다 예뻐진 곳은 주방이었다. 튼튼한 나무로 된 문짝은 갈색이었으나 상부장은 화이트, 하부장은 블루에 가까운 그린색 페인트로 바꾸었다. 조명으로 밝히면 아기 피부처럼 뽀얀 색으로 보여 저절로 미소가 지어졌다. 기름때투성이인 손잡이도 친구가 열심히 닦아냈다.

친구는 빌트인 가스레인지를 중고거래 사이트에 나온 신제품으로 구입하여 목공소에서 가스레인지가 들어갈 몸통을 제작했다. 가스레인지 타공 사이즈가 제품별로 다르다는 사실도 처음 알았다. 목공 사장님이 알려준 방법대로 굵은 사포부터 고운 순서로 교체하면서 꼼꼼하게 작업했다. 투명 스테인과 사포를 번갈아가며 작업하니 세상에 하나뿐인 멋진 작품이 되었다.

구축 낡은 모습은 작업이 하나씩 추가되면서 살고 싶은 집으로 바뀌어갔다. 가압펌프 설치, 단정한 욕실, 뽀얀 주방은 예전 흔적을 지우기에 충분했다. 우리가 목표로 했던 전세가격 6천만 원을 위한 인테리어였는데 더 많은 부분이 변하고 있었다. 현관 옆 신발장은 2단이었는데 상단을 다른 곳으로 이동하니 집이 훨씬 더 넓어보였다. 검게 된 베란다와 욕실 줄눈도 하얗게 만들어주었다.

단정한 분위기로 정리되고 깨끗한 물이 콸콸 나오자 처음 60점대로 시작한 집 상태는 전체점수 80점 정도로 멋지게 바뀌었다. 전세가격을 6천만 원 정도는 받을 수 있겠지만 그래도 포인트가 필요했다.

이제 우리 비밀도구를 사용할 차례다. 따뜻함을 담당할 상세페이지 소품이다. 이케아에서 가져간 선반을 주방 쪽에 달고 소품을 올려두었다. 신발장 위에도 꽃바구니를 두어 집 보러 오는 사람들을 환영하는 메시지를 담았다. 이케아 제품 빨강 서랍장도 시선을 끌었다. 조명도 교체했기 때문에 밝고 넓어 보이고 예쁜 집이 완성되었다.

인테리어를 끝내고 부동산 사장님을 초대하여 맑은 물이 콸콸 나온다는 소식도 전했다. 욕실과 주방을 동시에 사용해도 물줄기가 약해지지 않았다. 가압펌프 설치로 건강한 집이 된 것을 자랑하고 싶었다. 부동산 사장님은 만족한 눈빛이었고 도와주겠다고 했다.

광고를 많이 할수록 원하는 가격에 계약될 확률이 높아진다. 김 선생은 부동산 중개사무실에 들러 직접 설명했다. 현장을 못 본 부동산 사장님에게 눈앞에 풍경이 그려지도록 설명했다고 한다. '6천만 원에 전세계약하기'라는 목표를 세웠고 부분수리라는 결정으로 예쁜 집을 만들어 열심히 광고했다.

부동산 사장님 반응도 기대 이상이었다. 물건등록을 하고 문의전화를 받아 신나는 모습이 문자로도 느껴졌다.

효과는 강력했다. 매물등록하면서 사진 올리자마자 사진과 같은 집인지 묻는 전화가 오고 다른 부동산 사장님도 중개하고 싶어 하는 마음이 문자에 나타난다.

6월 8일 수리를 완료하고 6월 12일 계약금 일부가 입금되어 4일 만에 계약이 되었다. 우리가 원했던 대로 6천만 원이었다. 300만 원정도 비용이 들었지만 빠르게 전세계약을 하게 되어 매우 기뻤다.

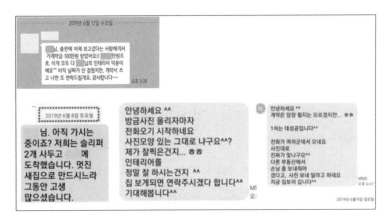

부동산 사장님과 주고 받은 문자 내용

사진은 주변 4천만 원 전세 매물이다. 김 선생 아파트보다 2천만 원이나 저렴했지만 더 비싼 오른쪽 사진 김 선생 아파트가 계약되었다. 사진에서 보듯이 이유는 자명하다. 사람들은 조금 더 비싸더라도 컨디션이 좋은 집을 원한다.

그 이후 벌써 4년이 지났고 청년으로 입주했던 임차인은 예쁜 아내와 결혼하고 아기까지 생겨 가족을 위해 더 넓은 집으로 이사했다. 워낙 깨끗이 사용했지만 흘러간 세월이 있으니 조금씩 더 손을 보고 최근 전세가 1억에 계약되었다.

도움말 _ 살짝 비용이 들더라도 주거환경을 높이고 합리적인 전세가격을 책정하면 공실 기간은 줄어든다.

↓

주변 경쟁 매물 vs 우리 집

03
네 팀에게 거절당했지만,
탈바꿈 후 2시간 만에 계약 성공!

30년 된 방 2개짜리 언덕 위 하얀 집은 인테리어를 하고서도 4팀에게나 거절당했다. 새시까지 전체수리를 했지만 어두운 반지하 공간은 환영받지 못했다. 결정적 한 방이 필요함을 느꼈고, 밝고 예쁜 홈 카페를 모델하우스처럼 꾸며 2시간 만에 계약에 성공했다. 그리고 마음에는 평화가 찾아왔다. 지금부터 그 이야기다.

경사도가 심한 언덕에 위치한 우리 집 인테리어는 여름 끝자락에 시작하여 추석 무렵 끝이 났다. 인테리어 전부터 유능한 부동산 사장님에게 월세가 잘 나갈 수 있도록 부탁했지만, 인테리어가 끝나고 일주일이 지나도 계약 소식이 없었다. 전체수리를 해서 집 상태가 깨끗하니 금방 계약될 줄 알았는데 감감무소식이었다. 더 기다릴 수 있었지만, 집을 보러 온 사람이 있었는지는 궁금했다.

부동산 사장님에게 물어보니 그동안 네 팀이나 다녀갔지만 계약되지 않았다고 한다. 힘들게 언덕을 올라갔는데 계약이 되지 않아 허탈했다는 이야기를 덧붙인다. 참으로 이상한 일이었다. 내 계획대로라면 인테리어가 끝나기 무섭게 바로 나갔어야 했다. 공실이 발생하지 않도록 나름 전략을 세워 인테리어를 했기 때문이다.

혼자 생각했다. '주변에는 이렇게 예쁜 집이 없는데, 왜 계약이 안됐을까?' '부동산 사장님이 열심히 활동하고 있으니 믿고 기다려볼까?' '어떻게 하면 빨리 계약될까?' '추석이 지나야 손님이 올 텐데 그때를 위해 내가 무엇을 할 수 있을까?' '지금 준비를 해야 추석 지나서 오는 첫 번째 손님이 계약될 텐데.' 여러 가지 생각이 꼬리를 물었다.

계약이 되지 않은 이유를 생각해 보았다. 네 팀은 무엇을 보았고 무엇이 마음에 들지 않았을까? 그들 입장을 차분히 생각하니 그제야 알 수 있었다. 전체수리로 깨끗하게 만들어 놓았으니 금방 계약되리라 생각했던 오만하고 흥분된 기대는 가라앉고 계약되지 않은 원인이 보였다.

첫 번째는 가파른 언덕이다. 우리 집에 이사 올 사람은 1인 세대이고 직장인일 가능성이 높다. 출퇴근에 버스를 이용하고 힘들게 언덕을 올라와야 한다. 여름엔 덥고 겨울엔 얼마나 춥겠는가. 특히 직장 상사에게 혼나고 지친 몸으로 귀가한다면 언덕길 발걸음은 더 무겁다. 언덕 오를 때 발걸음이 느려지고 헉헉거리던 내 모습이 생각났다.

두 번째는 현관문을 열었을 때 엄습하는 어둠이다. 반지하라는 사

Before

After

Before

After

실은 알고 왔지만 동굴 속 같은 느낌이 들 수 있을 만큼, 환하고 밝은 집은 아니었다. 힘들게 언덕을 올라와 어두운 집을 보았으니 더욱 마음에 들지 않았고 내가 보여주고 싶었던 밝은 집과도 거리가 멀었다.

이제 원인은 파악했으니 해결책도 찾아야 한다. 힘들게 언덕을 올라와 집을 보러오는 수고는 바꿀 수 없다. 하지만 우리가 처음 계획했던 모습을 볼 수 있게 해주면 마음은 환해질 수 있다. 우리가 보여주고 싶었던 곳은 주방 앞에 식탁을 놓을 만한 작은 공간이다. 목공 작업으로 붙박이 의자를 만들어 놓았고 예쁜 식탁등을 설치해 홈카페로 이용할 수 있게 했다. 언덕 아래 카페까지 가려면 힘들 테니 밖에 나가지 않아도 충분히 휴식이 가능하도록 해주고 싶었다.

이 집에 살게 될 임차인은 가족과 떨어져 사는 외로움보다 여행지 같은 느낌으로 거주할 수 있게 하고 싶었던 게 내 마음이다. 그런데 이미 다녀간 사람들은 이 공간을 상상할 수 없었다는 생각이 들었다. 이제 '어떻게' 보여줄까를 생각해야 한다. 좋은 결과를 원했다. 추석 이후 바로 계약이 되려면 임팩트 있는 한 방이 꼭 필요했다.

우선 집 첫인상을 밝고 환하게 세팅하자. 최소한 어둡다는 인상은 주지 말자. 조명을 다 켜놓고 밝고 환한 모습을 첫인상으로 보여주자. 0.1초도 어둠을 허락하지 말자. 이 포인트가 내가 할 일이다.

추가로 홈카페를 상상할 수 있도록 모델하우스처럼 보여주고 싶었다. 이 공간을 처음 설계할 때 임차인에게 이런 공간을 제공하게 되어 스스로 만족스러웠던 내 모습도 생각이 났고 보여주지 못한 내가 안타까웠다. 예쁘게 꾸미려면 쿠션과 몇 가지 소품이 필요하다.

문제는 그 소품을 가져가는 방법이었다. 추석 연휴가 시작되니 경기도에서 승용차로 부산까지 운전하는 일은 무리였다. KTX는 편리하지만 짐이 무거워 망설여졌다. 하지만 용기를 내었다. 월세 계약으로 공실을 탈출하고 싶은 마음이 굴뚝같으니 용감해졌다.

부산역에 내려 택시를 탔다. 부산에서 택시를 이용하면 지형을 따라 오르락내리락하면서 도시를 구경할 수 있다. 높은 곳에서는 푸른 바다와 항구에 정박한 알록달록한 배들 그리고 높고 낮은 건물을 한눈에 볼 수 있다. 낮은 쪽에서 이동할 때는 높은 건물과 경사진 산 쪽 도시가 보인다. 오르내림은 리듬감이 있고 마치 영화처럼 보인다. 부산이 아름다운 이유다.

도시를 감상하면서 언덕 위 우리 집은 어쩌면 부산 사람들에게는 익숙함일 수 있겠다는 생각이 들었다. 언덕 위 하얀 집에 이사 올 사람에게 미안한 마음은 조금씩 사라졌다.

현장에 도착하니 역시나 예상대로 어두웠다. 하지만 이를 위해 준비해온 무기가 있어 든든했다. 환기도 하고 조명도 켜니 마음까지 밝아졌다. 작은 홈카페를 위해 따뜻한 느낌이 드는 식탁등도 켜고 빨간색 쿠션으로 카페처럼 장식했다. 아늑하고 예쁜 공간이 되었고 누구의 부연설명 없이도 홈카페로 보였다.

이 공간의 역할은 우리 집 상세페이지다. 여기서 식사도 하고 커피도 마시며 휴식할 수 있다. 외롭기보다는 포근하고 따뜻한 공간이다.

여행지 같은 집이라고 스스로 말하고 있었다. 분위기는 또 다른 언어이다. 바로 이 포인트가 내가 보여주고 싶었던 모습이다. 집 구경만 하고 계약을 하지 않은 팀은 이런 장면을 상상할 수 없었다.

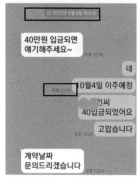

이제 다시 집을 구경하러 온 사람 입장을 생각해 본다. 반지하라는 사실은 알고 왔다. 현관문을 열고 들어왔는데 생각보다 너무 환하다. 현관부터 민트빛 욕실까지 길게 보인다. 몇 걸음 더 걸으니 따뜻하고 아늑한 카페 같은 공간이 있다. 앉아보기도 한다. 마음이 행복해진다. 예비 임차인은 그 자리에서 계약을 결정한다. 동선을 따라 상상의 나래를 펴니 만족스러웠다.

전쟁에 나가는 군인 마음으로 새벽에 출발하여 열심히 일하고 나니 배고픔이 느껴졌다. 많은 일을 했는데도 10시 30분이다. 나의 에너지를 위해 간단하게 도시락을 가져왔고 진심을 다해 집을 꾸미고 나니 아침식사는 꿀맛이다. 식사 후 또 다른 업무를 위해 약속 장소로 이동했다.

업무를 보는 사이에 기분 좋은 전화를 받았다. 방금 전 집을 구경했는데 마음에 들어 계약한다는 내용이다. 공실탈출을 위하여 홈카페로 꾸민 지 2시간 만에 계약금을 받았다. 빨강색 쿠션과 조명이 우리 집 상세페이지 역할을 충분히 해주었다. '여기는 당신이 피곤함을 잊고 아늑한 행복함을 느낄 공간입니다.' 내가 없어도 나를 대신하여 이야기를 건네준 고마운 소품이다.

'추석 이후 바로 월세 계약하기'라는 내 목표는 더 빠르게 추석 전전날 달성되었다. 부산까지는 너무 멀고 힘드니까 더 기다리기만 했다면 목표를 이루지 못했을 것이다. 경기도에서 부산까지 무거운 짐을 끙끙거리며 들고 내려간 보람이 있었다. 올바른 결정이었고 작은 성공 데이터가 쌓여간다.

 도움말 _ 내 목표가 무엇인지를 목표를 달성할 때까지 기억해야 한다.

04

5일 만에 가장 높은 가격에 계약!

전세가격 결정은 일종의 눈치게임이다. 다른 집 전세가격을 확인하면서 우리 집 전세가격을 결정한다. 전체수리를 하여 기존 거래된 금액이 아닌 최고가로 계약할 수 있었던 이야기를 지금부터 시작한다.

경기도 부천에 있는 아파트에서 인테리어 의뢰가 들어왔다. 처음 받은 의뢰인지라 부족한 경험이 탄로날까 마음 졸였던 기억이 난다. 의뢰인은 물건을 매수하여 인테리어를 한 후 전세로 임대할 예정이었다. 첫 의뢰 건이라 실수도 있었지만 다행히 예상보다 높은 전세를 받게 되어 흐뭇했던 기억이 떠오른다.

오래된 집도 처음에는 새집이었다. 30년 전 지어진 아파트를 보려고 방문했을 때 바닥부터 천장까지 살림살이로 가득했다. 오래 거주한 시간과 생활이 그대로 쌓여 있었다. 빼곡한 물건들로 집 사이즈를 측정할 수 없어 이사를 완료하고 나서야 겨우 치수를 잴 수 있었다.

예상하는 전세가격이 궁금했다. 예상 전세가격을 물어본 이유는 30년이라는 세월만큼이나 인테리어 비용이 많이 소요되기 때문이다. 거래된 가격 이력을 보니 1억 1천만 원~1억 2천만 원 사이였다. 의뢰인은 현재 시세보다 천만 원 정도 높은 1억 2천만 원~1억 3천만 원 정도를 원했다. 주변 매물을 검색해도 수리 안 된 집이 많아 차별화된 가격을 알 수 없었다.

임차인도 깨끗하고 환하고 예쁜 집을 원한다. 주변에 전세매물을 알아보니 내가 인테리어 하게 될 집보다 좋은 집은 없었다. 금액을 더 올리자는 의견을 냈고 의뢰인도 내 소견을 받아주었다. 결론을 말하자면 공사가 끝나기도 전에 1억 5천 8백만 원에 계약되었다. 처음 예상가격보다 2천 8백만 원이나 더 받게 된 것이다.

당시 아파트는 전체 수리가 필요한 상태였다. 욕실도 벽도 천장도 모두 새로운 마감재를 기다리고 있었고 문과 문틀만 그대로 사용 가능했다. 바람이 술술 들어오는 새시도 교체해야 했다. 주방은 후면 베란다를 확장한 상태였는데, 위쪽 수납장이 창문을 가려 자연광이 차단되니 집안 전체가 어두웠다.

현재 집 상태가 안 좋아도 우리는 어떻게 해서든 예쁜 집을 만들어 낸다. 4층까지 오르락내리락이 힘들지만 해낸다. 더 나은 집을 만들 방법을 찾아내고 의견을 모아 결정하고 만들어낸다. 실수하면 다시 하면 된다. 여기 현장이 그러했다.

인테리어를 시작하면서 가장 먼저 한 시공은 새시였다. 작업자들은 오랜 경험으로 시공을 하지만 5층 작업은 보기만 해도 아슬아슬했다. 나는 위험한 사고를 예방하기 위해 친절함으로 안전장치를 한다. 간단한 간식을 준비하여 작업자들 에너지가 떨어지지 않도록 음료를 나누면서 "선생님들 안전이 최고입니다"라고 기분 좋게 부탁한다. 친절한 감정을 교류하는 시간을 가져야 안심이 된다.

욕실은 지난번 함께 작업했던 사장님이 참여했다. 한 번은 처음이지만 두 번째 함께하면 경력이 되고 팀이 된다. 예쁘게 정성스럽게 해주어 완성도가 높아지니 만족스러웠다. 의뢰인에게는 사진으로 작업 진행 정도를 알려주었다.

재사용하기로 결정한 문과 문틀은 내가 직접 칠했다. 작업 숙련도가 의심스러우면 제품의 질을 높여야 한다. 나는 페인트 초보이므로 벤자민무어 제품을 선택했다. 완성된 다음에 느껴지던 매끈한 감각이 지금도 손가락에 맴도는 듯하다. 셀프로 할 만한 작업이다.

주방은 난도가 좀 있다. 밝은 집을 만들기 위해 창문을 가리고 있던 위쪽 수납장을 없앴다. ―자 모양 주방을 ㄱ자 모양으로 만들면서 작은 식탁도 같이 넣어 결국 ㄷ자 모양이 되었다.

주방 천장에서는 어려운 점이 발견되었다. 싱크대 앞에 있을 때 위층에서 물을 버리면 머리 위로 흘러가는 소리가 들려 방음이 필요했다. 이 문제를 해결하기 위해 냄새 없는 흡음재를 찾는 데 많은 시간이 걸렸다. 목수의 도움을 받아 흡음재를 시공하고 나니 꾸르륵 콸콸 흐르던 불쾌한 물소리가 사라졌고, 이를 계기로 나는 소리를 차단하

인테리어가 끝난 욕실과 주방

2020.01.	1억 3,000(8일,3층)	1억 4,000(7일,4층)
2019.11.	1억 5,000(24일,4층)	
2019.10.	1억 5,800(8일,4층)	1억 2,000(1일,1층)
2019.08.	1억 2,000(28일,5층)	
2019.07.	1억 1,000(12일,2층)	
2019.06.	1억 2,000(22일,5층)	
2019.02.	1억 2,000(7일,3층)	

2019년 10월, 문자와 계약 결과

는 기술을 알게 되었다.

만족스러운 결과도 있지만 실수하기도 한다. 실수라기보다는 경험이 없어서 전혀 알 수 없는 내용이라 처음부터 배워야 하는 부분이다. 베란다 천장은 시멘트 덩어리가 군데군데 떨어져 철근이 그대로 드러났고 녹이 슬었다. 퍼티로 팬 곳을 메꾸고 며칠이 지나도 마르지 않았다. 철근 녹물까지 배어나와 난감했다.

며칠 동안 한 일이 헛수고가 되었지만 과감하게 퍼티를 긁어내고 처음부터 새로 시작했다. 철물점 사장님에게 배운 대로 붉은 녹을 제거하고 방청페인트 코팅을 했다. 그다음 초속경 몰탈, 퍼티, 페인트 순으로 작업하자 천장이 매끈해졌다. 그때는 힘들었지만 지금은 웃음이 난다. 한 번 실수는 다음 성공에 도움이 되고 아무런 문제가 되지 않으면 그게 바로 성장이고 실력이다.

집수리 작업을 시작하면서 전세 광고도 같이 시작했다. 전세가격을 결정하고 광고 범위는 가까운 전철역 기준으로 2개 역까지 떨어진 곳으로 정했다. 그 범위 부동산 사장님들에게 우리 집 상세페이지를 광고하는 일이다. 광고 문자 발송법이 상당히 효과 있으니 의심하지 않고 믿고 사용한다.

인테리어 공사 중에 계약이 되었다. 1억 2천만 원을 넘지 않던 전세가격은 승강기 없는 4층인데도 1억 5천 8백만 원에 계약되었다. 광고 시작하고 5일 만인데 주변에 새시까지 전체 수리 된 아파트는 우리밖에 없어서였다. 공사 중에 계약이 되면 마음이 편하다. 전체 수리를 하고 나니 어둡던 집이 밝아지고 넓어지고 예뻐졌다.

처음 모습대로라면 전세계약은 어렵다. 전세도 상품이다. 말라비틀어진 열무를 누가 사겠는가? 때 구정물 줄줄 흐르는 신발을 누가 사겠는가? 사람들이 원하는 밝고 넓고 깨끗하게 임차인 입맛에 맞는 집을 만들면 가격은 임차인이 결정한다. 비싸면 전세상품을 구입하지 않고 합당하다고 판단하면 구입한다. 주거생활에 도움이 되는 가치 높은 상태로 만드는 일이 제일 먼저다.

 도움말 _ 전세가격은 주변 매물과 비교하여 주체성을 갖고 결정한다.

05

우리집 자랑거리를 행복한 마음과
따뜻한 기운으로 소개한다면

이 선생은 현재 거주하는 집을 전세로 내놓고 기다리고 있었지만 계약이 되지 않고 있었다. 누구나 한두 번씩 겪는 이야기다. 어떻게 하면 계약이 될지 방법을 찾으려 노력했고 결국 주변 경쟁매물보다 더 높은 가격을 받을 수 있었다. 그 사연은 다음과 같다.

자신이 원하는 미래를 설계하고 부동산을 공부하는 일은 매우 자연스러운 현상이다. 이 선생은 바쁜 육아 중에도 시간을 쪼개 부동산 공부를 하고 이사 계획을 세웠다. 지금 거주하는 소형 아파트는 전세를 주고 자금을 만들어 새 아파트 잔금을 치를 계획이었다.

원하는 목표는 '현재 거주하는 집을 전세로 임대하기'다. 처음에는 매물로 내놓으면 바로 전세가 나갈 줄 알고 그냥 편하게 기다렸다. 시간이 지나면서 '어떻게 하면 전세계약이 잘 될까'를 고민하던 중에 나와 인연이 닿았다. "공실은 실수가 아닙니다. 탈탈 털어버리세요.

출발은 저희 공실탈출 프로젝트로~"라는 블로그 희망 문구에 설레어 조언을 얻고 싶었다고 한다.

거주하는 집 상태를 파악하는 일이 우선이었다. 아파트에 사는 사람들의 생활 모습은 얼추 비슷하다. 방에는 침대, 거실에는 TV, 욕실에는 양변기, 주방에는 식탁이 자리한다. 그런데 왜 어떤 집은 전세 계약이 먼저 될까?

좀 더 자세히 물어보았다. 거실에는 예쁜 아기를 위한 커다란 미끄럼틀이 있다. 욕실에는 양변기 뚜껑은 열려 있고 욕조는 누리끼리한 상태이고 물기도 어느 정도 있다. 주방은 냄비랑 그릇이 싱크대 상판에 놓여 있다. 우리 집이라고 다르지 않다. 다 그러고 산다.

우리 목표는 '전세로 임대주기'이므로 달라져야 했다. 예비 임차인이 집을 구경하러 오는 마음을 생각해 보자. 설렘 반 두려움 반이다. 지금 거주하는 집보다 더 깨끗했으면 좋겠다. 지금 거주하는 집보다 넓고 좀 더 환했으면 좋겠다. 이런 기대감이 반이다. 반면 좋은 집을 구하지 못하면 어쩌나 하는 두려움도 있다. 우리는 기대감에 집중해야 한다. '다 그러고 산다'고 그대로 보여주면 목표 달성은 멀어진다.

집주인이 직접 거주하면서 집을 보여줄 때는 여러 가지 장점이 있다. 더 넓은 집을 원하면 더 넓어 보이게 얼마든지 할 수 있다. 좀 더 환한 집을 원하면 더 밝아보이게 하면 된다. 또 하나 좋은 점은 부동산 사장님과 예비 임차인이 집을 보러 오면 직접 브리핑을 할 수 있다. 부동산 사장님도 나만큼은 설명을 할 수 없다. 우리 집을 위한 상세페이지는 집주인이 가장 잘 안다. 내가 우리 집을 설명할 수 있다는 사실은 큰 장점이다.

우리 집 브리핑을 위해서는 장점을 찾아야 한다. 우리 집 장점을 발견하면 브리핑을 훨씬 더 잘할 수 있기 때문이다. 장점을 찾으라면 어리둥절하지만 차근차근 질문과 대답을 통하여 장점을 발견하고 정리했다.

이 선생 집에서 가장 큰 장점은 아침마다 해 뜨는 모습을 볼 수 있다는 점이다. 앞에는 바다, 뒤에는 산과 호수가 있어서 시원한 바람이 불어온다. 여름에는 에어컨을 사용하지 않을 정도이니 전기료도 절약된다. 이렇게 정리하니 우리 집을 사랑하기 충분하다.

그런데 이 이야기를 전할 때 어떤 마음으로 해야 할까? 문장과 내용이 좋아도 표정이 시큰둥하면 아무도 진심으로 믿지 않는다. 살면서 겪은 일이니 신나게 이야기해 보면 어떨까? 신나게 이야기하기 위한 작업이 또 필요하다.

이 집에 살면서 얼마나 행복했는지도 중요하다. 보통은 운이 좋은 집이라고 한다. 사람이 살면서 큰 어려움이 없다면 운이 좋은 집 아니겠는가. 남편은 승진했고 크게 아픈 가족도 없으며 새 아파트도 마련했다. 우리 집을 사랑하기 너무 좋은 조건이다. 이 정도면 행복한 것이고 신나게 이야기해도 좋다.

집을 구경하러 온다는 소식은 기쁨이다. 우리가 보여주고 싶은 부분을 보여줄 수 있다. 이 선생은 마음까지 환한 집을 보여주기 위해 준비했다. 약간 누리끼리한 욕조는 바꾸고 싶었지만 파워 블록으로 간단하게 하얘졌다. 화장실 선반도 깨끗하게 정리하고, 양변기 뚜껑을 닫고 바닥도 물기 없이 정리했다.

거실에 있던 미끄럼틀과 옷가지들도 중고로 매매하니 오히려 돈이 생겼다. 요리할 때 편하게 쓰던 냄비도 모두 수납장으로 들어갔다. 가장 큰 75L 종량제 봉투에는 여러 가지를 정리해서 버렸고 아기가 붙인 스티커도 깨끗하게 떼어버렸다. '남들도 다 그러고 사는데 뭐', '사람들이 이해해 주겠지'라는 생각이 착각이었다고 하니 참 지혜롭다.

부동산 사장님에게 집 보러오는 시간을 지정해 주었다. 이전과 다르게 아이 등원시키고 배우자가 없는 낮 시간대로 정했다. 아이도 아빠도 낯선 사람이 오면 어색하다. 앉기도 서기도 어정쩡하다. 집 보러온 사람도 불편하니 가족이 외출할 때가 좋기는 하다.

집을 보러 온다는 소식을 들으면 제일 좋아하는 향수를 은은하게 뿌리고 마음 편해지는 음악도 틀어놓았다. 이 선생은 집을 사랑하는 이유에 대하여 신나게 이야기했다.

상담이 끝나고 얼마 지나지 않아 계약되었다는 소식을 들었다. 여기저기서 매매, 전세거래가 안 되고 있다는 뉴스로 난리법석인데 감사한 일이다. 더 좋은 소식은 바로 옆 전체 리모델링한 아파트를 패스하고 이 선생 집을 선택했다는 점이다. 하물며 이 집보다 천만 원이나 저렴했는데도 말이다. 너무 뜻밖이라 부동산 사장님에게 물어

저희 집 공.실.탈.출 성공했습니다!!
요즘 매매, 전세안나간다.뉴스에서 난리인데요...ㅠ
너무 감사했습니다.
더 놀라운 사실은...
저희아파트 바로 옆 아파트는 올리모델링한 아파트인데도 저희집을 선택하셨어요.
(저희아파트보다 옆 아파트가 전세가로 2천 더 저렴했습니다. 옆아파트가 평당가가 더 비싼아파트임)
저희 아파트 옆아파트보다 전세금이 천만원 더 비쌌어요^^;

저도 너무 의아해서 중개사님께 저희집을 왜 선택하셨냐고 물어보았더니,
세입자 말씀이 저희집에 따뜻한 기운이 들었다고 합니다ㅠㅠ

이 선생에게 받은 기분좋은 소식

보니 '따뜻한 기운이 들어서' 선택했다고 한다.

이 선생은 '전세로 임대계약'이라는 원하는 목표를 위해 '밝고 넓고 깨끗한' 집을 만들고 계약을 성공시켰다. 밝고 넓은 집을 예쁘게 설명하는 이 선생에게서 따뜻함을 보았을 수도 있다. 따뜻함은 실체가 없다. 그냥 느낌이다. 그 느낌을 사람들은 생각보다 소중하게 생각한다. 따뜻한 기운에서 느끼는 설렘과 기대감은 결국 행복한 가정을 상상한다. 따뜻한 기운은 상상만 해도 행복하다.

도움말 _ 내가 살면서 집을 매매하거나 임대할 때 집을 단정하게 만들고 우리 집 자랑거리를 찾아 설명하는 일은 빠른 계약으로 이어진다.

06

까마득한 언덕 위 반지하도
3일 만에 전세계약 성공!

높은 언덕 위에 위치한 반지하는 전세 임대를 맞추는 데 어려움이 있다. 누구나 알 만한 단점을 가지고 있지만, 단점을 인정하고 대안을 찾아 밝은 집으로 만들어 전세임대를 하고 임차인 도움을 받아 매도까지 한 이야기를 해보려 한다.

승용차가 뒤집힐 듯한 가파른 언덕길을 올라가야 우리 집이 있다. 빌라라고는 해도 단지형이 아니라 다세대 달랑 2개 동이다. 그중 제일 열악한 지하층이 바로 우리 집이다. 아주 오랫동안 거주하던 임차인이 이사를 가고 공실이 되었다. 오래된 집이니 수리가 반드시 필요했다. 낡은 상태로 집을 임대하는 일은 이제 내겐 허락되지 않는다. 최소한 단정하게는 만들어야 부동산 사장님에게 의뢰할 수 있다.

이번에도 부동산 사장님 도움을 받아야 한다. 의뢰하려면 부동산 사장님도 중개가 가능하도록 포인트를 만들어줘야 한다. 제일 좋은 중개 포인트는 낮은 가격이다. 주변보다 낮은 가격이라면 무조건 환영이다. 급하게 매매하거나 집 상태가 좋으면 부동산 사장님도 크게 관심을 갖는다. 저렴한 집과 좋은 집은 늘 관심 대상이다.

우리 집의 큰 단점은 반지하라는 점이다. 햇볕도 부족하고 환기도 편하지 않고 지나다니는 사람들로부터 사생활 보호도 되지 않는다. 자동차 매연도 집으로 들어올 가능성이 크다. 이런 점을 다 알고 있기에 매매든 전세든 가격은 낮아진다. 우리 집 이런 단점을 나는 정확하게 알고 있다.

그렇다고 손 놓고 있을 수는 없다. 대안은 무엇일까? 예쁜 집이라면 혹시 선택을 받을 수도 있다. 임차인 마음에 드는 집은 밝고 넓고 깨끗하고, 이 세 가지가 기본이다. 지하라도 기본 생활환경을 만들어주면 임대가 가능하다.

집 상태를 확인하려고 장판을 들춰보니 습기가 차올라 물이 흥건하고 특유의 습한 냄새가 났다. 건물 외벽 쪽에 곰팡이들이 가득했고 지하 세대라서 더 심했다.

덩치 큰 세탁기는 욕실에 있어 다른 데로 옮기고 싶지만 딱히 이동할 만한 곳이 없었다. 덩치 큰 세탁기로 인해 세면기 놓을 자리가 없어 수도꼭지에 호스를 연결하여 플라스틱 대야에 물을 받아 사용하고 있었다. 쪼그리고 앉아 물을 사용하는 일은 여간 불편하지 않다.

싱크대 상태는 나쁘지 않았지만, 창문을 많이 가려 답답했다. 더군다나 주방 벽은 곰팡이 천국이었다. 최근 건설사들이 붙박이장을 아

Before → After

바닥 작업 장면과 사용한 재료들

파트 외벽 쪽에 설치하지 않는 이유가 곰팡이가 생기기 때문이다. 남향집이 좋다고는 해도 후면은 북향이므로 곰팡이가 생기곤 한다. 곰팡이는 비싼 집 싼 집을 가리지 않는다. 많고 적음만 다를 뿐이다.

문제는 파악했으니 해결책을 찾아야 한다. 습하고 축축한 느낌을 없애기 위해 장판을 걷었다. 말리기는 했지만 습기가 올라오면 곰팡이가 다시 생긴다. 완벽하게 방지할 수는 없지만 발생을 최소화하기 위해 바닥과 벽에 방수액 시공을 추천받았다. 바닥 먼지까지 깨끗이 청소하고 방수액을 한 번 두 번 발랐다. 습기는 벽을 타고 올라오므로 벽까지 방수액을 발랐다.

욕실도 타일로 예쁘게 단장했고 양변기도 반듯하게 자리 잡았다. 문제는 세탁기가 상당한 면적을 차지하니 세면기 놓을 자리가 없었다. 그렇다고 플라스틱 대야를 사용해야 한다면 너무 미안한 일이다. 세면기 중 가장 작은 사이즈를 선택하니 손 씻기에는 충분했다. 이렇게 세탁실 겸용 욕실이 단정하게 완성되었다.

곰팡이 천국이었던 주방 벽은 모두 타일로 시공했다. 가장 튼튼하게 곰팡이를 예방하는 방법이다. 싱크대도 교체하고 타일로 벽을 마감하니 제법 예쁜 주방이 되었다. 기쁜 마음으로 요리를 하고 가족들과 웃으며 식사하는 행복한 상상을 해본다.

반지하라서 부족한 햇볕은 해결이 안 되지만 조명으로 빛을 주어 밝은 집이 되었다. 반지하 계단으로 내려갈 때는 어두웠지만 현관문을 열면 환했다. 축축하고 습한 냄새와 곰팡이는 어느 정도 예방했다

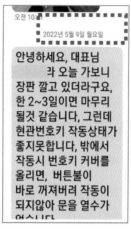
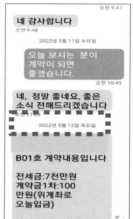

부동산 사장님과 주고받은 문자 내용

고 생각하니 마음이 편해졌다. 세탁실 겸용 욕실과 주방은 이 동네 매물 중 1등일 확률 80%이다. 자신 있게 말하는 이유는 비싼 아파트에서 사용하는 타일과 싱크대를 사용했기 때문이다.

지하 세대 단점을 해결한 내용을 부동산 사장님에게 전달했다. 습기와 곰팡이를 해결한 내용을 이야기하자 부동산 사장님 눈이 반짝였다. 인테리어 마감을 직접 확인하고 부족한 부분은 점검한 후 내게 요청했다. 요청한 잠금장치를 교체했다. 부동산 사장님은 인테리어 내용을 자신 있게 중개에 활용했고 첫 번째로 집을 구경한 분이 계약했다. 깔끔히 공사를 마무리한 지 3일 만이다. 방 2개 욕실 1개 10평대 반지하는 처음 가격보다 1천만 원 내려달라는 요청도 받아들여 7천만 원에 완료되었다.

만족스럽게 임대계약을 하고 시간이 지나 부동산 사장님에게 매도를 의뢰했다. 부동산 사장님은 얼마 후 예비 매수자와 함께 집을 보러가겠다고 했다. 예비 매수자가 집을 보고 싶어 한다고 사정을 이야기했는데 임차인은 머뭇거렸다.

짧은 순간이 길게 느껴졌다. 다행히도 집을 보여주기 싫은 게 아니라 지금 보여줄 수 없다는 뉘앙스였다. 천장의 곰팡이 때문에 그대로 보여주기 부끄러워 곰팡이를 제거하고 보여주겠다는 것이다. 지난 여름 폭우로 물이 흘러들어온 이후 곰팡이가 발생한 모양이다. 퇴근 후에 짐을 치우고 청소해야 하니 며칠 기다려달라고 했다. 청소하는 분을 보내드리겠다고 해도 괜찮다고 한다.

곰팡이를 청소하고 나니 이번에는 얼룩이 남아 도배가 필요했다. 임차인은 비슷한 도배지를 찾아 도배까지 직접 해주었다. 며칠 동안 수고비와 감사비로 40만원을 드리려 했지만 너무 많다며 사양했다. 부족하다고 해도 더 드려야 할 정도이므로 비용은 그대로 보내드렸다. 감사는 내가 드려야 하는데 전화기 너머로 들리는 고맙다는 목소리가 듣기 좋았다.

드디어 임차인과 부동산 사장님 수고로 안전하게 매도되었다. 계약 이후 잔금 날짜를 두 번이나 변경했는데 모두 세금 때문이었다. 매수자는 잔금 날짜 변경을 원하는 내 요구를 받아주어 세금을 줄여주었다. 잔금 날이 되었는데 이번에는 매수인이 연기를 요청해 나도 기꺼이 협조해주었다. 매수자에게 유리한 법이 개정된다는 소식을 들었기 때문이다. 임차인, 매수인, 부동산 사장님 모두 내 협력자 역할을 톡톡히 해주었다. 인간은 혼자 살 수 없다. 착한 사람들 도움으로 전세도 계약하고 매도까지 순조롭게 원하는 목표를 달성했다.

 도움말 _ 임대주택 매매는 임차인 협조가 매우 중요하다.

07

'입주 청소 완료하고
행운으로 채웠습니다'

　신경마케팅 분야 최고 권위자 한스-게오르크 호이젤은 《뇌, 욕망의 비밀을 풀다》에서 상품판매에서 언어가 얼마나 중요한 역할을 하는지 이야기한다. 작은 표현의 차이가 판매 결과를 바꾼다는 이론을 적용하여 매매에 성공한 사례다.

　민 선생이 소유한 아파트는 유명 학군지에 위치했지만 매도가 되지 않고 있었다. 내가 사는 곳과 멀지 않은 곳이니 봐주겠다고 했다. 아파트를 소유하려면 크든 작든 소유주가 노력하여 마련한 자금이 들어가니 아파트는 곧 소유주 자신이다. 나 자신처럼 애지중지하는 일은 당연하지만 대부분 집이 비어 있을 때는 지저분하여 신발을 신고 들어가야 할 정도다.

　34평을 청소하려면 50만 원 내외 정도 비용이 드니 청소하지 않은 집이 상당하다. 그러나 민 선생 집은 도배도 새로 했고 입주 청소도 깨끗하게 되어 있었다. 평상시 단정한 민 선생 모습처럼 집도 똑같았다. 눈에 보이는 벽에 메모가 붙어 있었다.

'입주 청소 완료, 슬리퍼 신어주세요.'

민 선생은 아파트가 매매가 안 되는 이유를 설명해 주었다. 아파트 앞에 도로가 있는데도 상가건물에서 거실이 들여다보일 정도로 가까워 밤낮으로 커튼을 쳐야만 하기 때문이다. 이게 가장 큰 단점이라고 했는데 현장을 보니 더욱 실감났다. 그래서 가격을 낮추었고 다른 매물에 비해서도 저렴했다. 단점이 가격으로 환산되어 매수자는 적은 금액으로 구입이 가능한 상태다. 그러나 단점이 너무 크게 부각되어 매도가 되지 않았다.

잠시 정리하면 '상가와 마주보고 있다'는 사실은 피할 수 없는 원인으로 집이 거래되지 않는 가장 큰 골칫거리다. 고정값이다. 고정값은 필요 이상으로 나쁜 점수를 가져가기도 한다. 이 아파트도 그랬다. 아파트를 사려는 사람이 자금이 조금 부족하다면 단점으로 할인받는 가격에 만족할 수도 있다. 각자 사정이 다 있다.

상가건물을 마주하고 있다는 단점 빼고는 흠 잡을 곳이 없었다. 집 안을 이리저리 둘러보다 주방 창으로 밖을 내다보니 철쭉이 예쁘게 피어 있었다. 설거지하다가 눈을 돌리면 바로 보이는 위치였다. 주부도 마음이 울적할 때가 있다. 알록달록 철쭉꽃을 볼 수 있다면 위로가 되지 않을까 하는 생각도 해보았다.

주방 창을 통해 보이는 단지내 조경 사진을 찍었다. 참 예뻤다. 밖으로 나오니 잘된 조경 사이로 보이는 분수와 철쭉은 더 예뻤다. 훌륭한 조경은 민 선생에게도 일정 지분이 있다. 그렇다면 우리 집 장점으로 보아도 된다. 이리저리 사진을 찍었다.

소유주인 민 선생에게 사진을 보내주고 얼마나 예쁜지 말해주었다. 민 선생 마음에 작은 변화가 생겼다. '언니가 예쁘다고 말하니 정말 예쁘게 보인다'는 답변이 왔다. 짐처럼 무겁게 느껴졌던 집이 예뻐지기 시작하는 순간이다. 소유주 마음에 일어나는 변화를 나는 중요하게 생각한다. 단점에 집중하기보다 장점에 집중해야 가격 결정에 후회 없는 선택을 할 수 있다.

이 아파트는 학군지이고 초중고가 단지와 붙어 있다. 마주 보이는 상가에는 학원들이 즐비하지만 유흥업소 같은 유해환경이 없다. 상가와 마주한 몇 개 동은 모두 같은 상황이지만 빈집 없이 모두 거주하고 있다. 학군이 좋아서다. 아이들이 걸어서 5분 안에 갈 수 있는 학원이 즐비하기에 엄마들이 많이 찾는다. 학군이라는 장점이 더 큰 아파트이다. 게다가 조경까지 좋다.

이런 상황을 잘 알고 있는 부동산 중개사무실에 들러 매물을 등록하면서 이야기했다. 입주 청소가 완료된 깨끗한 집인데 상가를 마주 보고 있어 가격이 저렴하다고 알려주었다. 부동산 사장님은 내 이야기를 열심히 들으면서 아이디어를 주었다. 손님이 오면 상가와 가깝다는 이야기는 하되 거실 쪽보다는 주방 부근에서 집에 대해 설명하라며 실장님에게 이야기했다. 집을 보여주러 가게 될 부동산 실장님

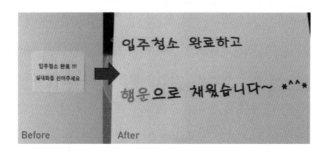

입주청소 완료 !!!
실내화를 신어주세요

입주청소 완료하고

행운으로 채웠습니다~ *^^*

Before   After

도 알아들었다. 매도가 잘 되게 해달라는 내 부탁을 최선을 다해서 경청하고 있었다.

정리하면 이 아파트는 학군이 제일 큰 장점이고 조경이 아름답다. 집도 깔끔하고 단정하지만 상가와 마주 본다. 그래서 가격이 저렴하다. 이제 어떻게 하면 첫 손님의 마음에 흡족함을 선물할 수 있을까.

《뇌, 욕망의 비밀을 풀다》의 저자는 이렇게 말한다. "우리는 고객이 합리적이고 의식적으로 행동한다는 믿음이 착각일 뿐이라는 것을 알게 됐다. 구매 결정은 주로 감정적으로 내려진다." 상품을 구입하기로 할 때 결정에 큰 영향을 미치는 것은 감정이라는 것이다.

어떤 감정을 주고 싶은가? 나는 현관문을 처음 열었을 때 결정했다. 아이디어가 바로 떠올랐다.

'입주 청소 완료. 실내화를 신어주세요'를 보면서 '입주 청소 완료하고 행운으로 채웠습니다'라고 바꾸고 싶었다. 작은 언어에 변화를 주자 느낌이 달라졌다. 호이젤도 상품판매에서 언어가 얼마나 중요한 역할을 하는지 강조했다. 작은 단어로 감정 변화를 이끌어낸다.

부동산 실장님은 내가 이야기하자마자 컴퓨터로 바로 작성하여 인쇄한 후 현관문을 열면 바로 보이는 곳에 붙였다. 아파트를 보러 왔을 때 제일 먼저 보이는 바로 그 위치이다. 매수 결정에 조금이라도 도움이 되었으면 하는 마음이었다.

며칠 후 부동산 사장님 전화를 받았다. 행운의 매수자가 나타났고 가격조정을 조금 더 하자는 내용을 민 선생에게 전달했다. 그런데 민 선생도 다른 부동산 사장님에게서 같은 전화를 받았다고 한다. 같은 사람인 줄 알았는데 확인하니 두 팀이었다. 기다려도 오지 않던 매수 문의가 같은 날 같은 시간에 두 곳이나 온 것이다! 두 팀이 경쟁하게 되었으니 가격을 조정하지 않아도 된다. 드디어 민 선생은 기다리던 계약을 했다. 매도라는 목표를 달성하는 일은 너무 멋진 일이다.

매수자는 무엇을 보았을까? 행운으로 채웠다는 말에 매력이 있었을까? 가격에 매력이 있었을까? 확인은 하지 않았으나 문구의 힘을 간과하고 싶지는 않다. 이 글을 읽는 분들 걸음걸음마다 행운이 가득하시길 빈다.

도움말 _ 어찌할 수 없는 고정된 단점보다 더 많은 장점을 발견하는 데 애써야 한다.

08

"늘 건강하시고 하시는
일이 잘 되기를 바랍니다."

어떤 결정을 할 때는 좋은 결과를 예상하고 행동한다. 그 예상과 행동이 결과에 맞았는지는 시간이 지나야 알 수 있다. 통제할 수 없는 사회현상이라는 변수가 있다면 더욱 결과를 예상할 수 없다. 인기 있던 도시 아파트가 마이너스 프리미엄이 되어도 찾는 이가 없었다. 하얀 벚꽃이 흩날리는 추억을 되살려 아파트를 매도한 이야기를 시작한다.

인구가 10만도 안 되는 강원도 속초 아파트를 분양받았다. 관광도시이고 바다가 보이는 아파트라 인기가 높았다. 분양된 아파트가 프리미엄이 형성되니 주변 아파트들도 덩달아 분양이 잘 되었다. 이 내용을 알고 있던 우리는 친구들이랑 한 개씩 분양을 받고 기뻐했다. 프리미엄을 기대하면서 들뜬 마음으로 여행을 마쳤다.

시간이 흘러 입주 시기가 되었다. 기대와는 다르게 바다가 보여도 아파트 프리미엄은 발생하지 않았다. 입주 날짜가 되어서는 매수자를 찾기 어려웠고 전세로 입주하려는 사람도 뜸했다. 인기가 없어지면서 팔려는 사람은 늘어만 갔고 앞을 다투어 매물을 쏟아내니 마이너스 프리미엄이 되었다.

손절이 필요하다고 판단했다. 이때부터는 가족들에게도 미안하고 눈치가 보이기 시작한다. 후회로 한숨만 늘어간다. 너무나 바보 같은 투자지만 이 상황도 내가 만들었으니 내가 해결해야 한다. 여러 부동산 사장님에게 의뢰했지만 지방 소도시라서 한계가 있었다.

한계를 알았으니 여행으로 생각하고 직접 아파트를 가보고 싶었다. 현장을 모르고는 문제 해결이 어렵기 때문이다. 입주지원센터에 들러 열쇠를 받아 집으로 가고 있었다.

승강기를 타려는 순간 부동산 사장님 전화가 왔다. "사모님, 집 보러 가겠습니다." 매수자랑 함께 온다는 말이다. "네, 저 여기 와 있으니 바로 오세요." 카드키가 내게 있으니 입주지원센터에 가지 않아도 된다. 부동산 사장님은 10분 뒤면 우리 집에 도착한다. '앗! 어쩌지. 나는 아직 우리 집 장점도 모르는데' 번개처럼 스치는 생각에 마음이 바빠졌다.

보통은 부동산 사장님이 브리핑을 하지만 공실탈출 프로젝트를 하면서는 협력관계라는 생각을 갖고 나도 장점을 찾으려고 노력한다. 부동산 사장님들도 잘하지만 절박한 마음에 내가 더 열심히 자랑거리를 찾아야 한다. 언젠가부터 내가 모르는 점을 다른 사람이 안다는 사실도 부끄럽지 않았다. 혼자보다는 둘이 생각하면 더 풍부한 아이디어가 떠오른다. 물론 다른 사람이 모르는 사실을 내가 아는 점도 자랑거리는 아니다. 우린 서로 배워갈 뿐이다.

나는 집을 구경하러 오는 사람에게 어떤 경험을 주고 싶을지 승강기를 타고 올라가면서 관찰을 시작했다. 이렇게 크고 새로운 승강기를 보면 어떤 생각이 들까? 간단하게 비밀번호를 누르고, 가볍게 밀고 당기는 푸시풀 도어락의 편리함을 어떻게 느낄까. 직접 경험해 보면 비싸고 좋은 제품인 걸 알겠지.

사실 이 집은 단점이 있다. 거실 왼쪽 옆으로 앞 동 모서리가 보인다. 현장을 보니 모서리가 더 크게 느껴졌다. 새집 냄새를 잠시라도 정화하려고 창문을 열고 보니 벚나무가 아파트 층수만큼 올라와 있었다.

어떻게 설명을 하지? 막막했는데 방법이 보이기 시작했다. 그러는 사이 부동산 사장님과 매수 예정자가 도착했다. 부동산 사장님은 여기저기 다니며 잘 설명해 주었다. 거실과 주방, 욕실을 보여주며 열심히 안내하고 있었다. 우리는 협력관계이니 내가 설명할 차례이다.

집 구경 중인 예비 매수자는 내가 단점이라고 생각했던 앞 동 모서리를 크게 신경 쓰진 않는 듯했다. 나는 우리 집 자랑을 시작했다. TV를 놓는 아트월 반대쪽으로 이동하여 소파 위치라고 말하고 앉은 자세로 시선을 낮추었다. 여기가 소파를 놓는 자리이다. 여기 앉아서 편하게 밖을 보면 앞이 뻥 뚫려 멀리 보인다. 봄이 되면 벚꽃이 하얗게 피고 멀리 가지 않아도 여기 앉아 볼 수 있다. 특히 하얀 꽃은 밤에 더 아름답다. 조금 전에 본 벚나무까지 설명했다. 20년 동안 내가 살던 아파트는 벚꽃이 어마어마하게 큰 단지를 이루고 있었다. 바람에 흩날리면 엄청 아름다웠는데 그 장면을 떠올리며 말했다.

20평대인데도 구조가 잘 나와 주방이 ㄷ자 모양이었다. "아일랜드 식탁은 소파에 앉은 가족과 대화하면서 요리를 할 수 있다. 손님이 왔을 때 주부 엉덩이가 보이지 않아 좋다." 이렇게 말하니 가족이 없다고 해서 좀 민망했지만 내 경험으로 설명하니 어렵지 않았다.

우리 집 장점을 말하고 나니 뭔가 부족해 보였다. 짧은 설명으로 우리 집 상세페이지를 채우기에 만족스럽지 않았다. 이번에는 냉장고와 아일랜드 식탁 사이에 공간이 넓어 보여 두 명이 동시에 이동해도 될 정도였다.

나는 이리저리 움직이며 마치 모델하우스처럼 신나게 이야기했다. 그런데 예비 매수자가 집을 둘러보는 사이에 부동산 사장님에게 들은 이야기는 충격이었다. 바로 아래층은 우리보다 분양 가격이 400만 원이나 저렴한데 마이너스 1,500만 원에 팔렸다는 것이다. 마음이 급해졌다. 이 사실을 예비 매수자가 안다면 내 손실은 더 커진다. 소문은 순식간에 퍼질 게 분명하기 때문이다. 어떻게든 나는 마이너스 700만 원 매도를 해야 유리하다. 손해를 더 키울 수는 없는 노릇이다.

나는 집 구경을 마치고 현관문을 나오면서 푸시풀 도어락의 고급스러움을 느끼게 하고 싶었다. 예비 매수자는 열어보고 닫아보고 직접 작동을 해보았다. 열쇠를 들고 다니는 불편함과 열쇠를 잊어버리는 난감함이 없다는 이야기도 덧붙였다.

1층으로 내려와 주차장에서 헤어져야 하는 순간도 놓치고 싶지 않았다. 아주 짧은 순간에 강력한 한 마디가 내 입에서 나온다. "사실 마이너스로 팔다 보니 많이 속상하다. 그럼에도 불구하고 우리 집을 매수하는 사람이 건강하고, 하시는 일 잘되시길 바라는 사람은 아마 나밖에 없을 거다." 이 이야기를 하는데 마음이 얼마나 떨리고 찡하던지, 진심이었기 때문이다.

입주지원센터에 카드키를 반납하고 다른 장소로 이동 중에 전화를 받았다. 그분이 계약한다는 기분 좋은 전화여서 무겁던 마음속 짐이 덜어졌다. 부동산 사장님께 중개수수료를 넉넉히 보내드렸으나 수수료를 거부하셨다. 집주인이 다 설명하고 본인은 한 일이 없어 받기가 미안하다며 말이다. 기분 좋게 송금했던 중개수수료 중 일부가 다시 내 통장으로 입금되었다.

마이너스 프리미엄으로 손실을 본 사례이지만 좋은 기억으로 남아 있다. 가끔 지나다닐 때 부동산 사장님이 생각난다. 투자를 하다 보면 내 생각대로만 되지 않는다. 생각대로 되지 않았을 때 궤도를 빠르게 수정할 수 있도록 공부하고 강의도 듣고 현장 분위기도 살핀다. 그런데도 문제가 생겼다면 좀 더 현명하게 손실을 줄일 수 있도록 최선을 다해야 한다.

수익이 나지 않는 아파트는 천덕꾸러기가 되고 꼴도 보기 싫다는 말이 저절로 나온다. 이런 상황이 매수자에게는 저렴하게 매수할 기회가 되기도 한다. 나는 평소에도 "늘 건강하시고 하시는 일 잘되기를 바랍니다"는 말을 자주 한다. 이번에도 자연스럽게 사용하여 도움이 되었다고 생각한다. 매수한 분도 저렴하게 매수하는 기회가 되었지만, 집에 대해 내가 한 설명도 결정에 영향을 주었으리라 판단한다.

하지만 가끔 풀리지 않는 수수께끼 같은 일이 있다. 왜 사람이 움직일 때 계약이 될까? 우연의 일치일까? 라는 생각이 들곤 했는데 최근 황금후추라는 닉네임을 사용하는 역술가 남택수가 《돈과 운의 법칙》에서 사람이 움직일 때 운도 따라 움직인다고 말하는 글을 보고 납득할 수 있었다.

도움말 __ 사람이 움직일 때 운도 따라 움직인다. 한순간 한순간 집중하면 방법이 보인다.

2부

만족하는 공실탈출

09

계약서를 넘어 만든 인연

살다 보면 먼 곳으로 이사를 할 수도 있다. 익숙하지 않은 곳으로의 이사는 설렘도 주지만 불안을 주기도 한다. 이번 사례는 서울 따님이랑 가까이 살고 싶어 대전에서 이사를 온 분이다. 서울이란 낯선 곳도 두려운데 한정된 자금으로 마음에 드는 집을 구할 수 있을지 걱정이었다. 이분은 깨끗하고 예쁜 집을 위하여 매일 기도했고 정말 꿈에 그리던 집을 구하게 되었다. 그 집이 곧 우리 집이다. 어떤 집이기에 만족했는지 매수부터 인테리어까지 그 과정을 되짚어본다.

서울 아파트 가격과 서울로 출퇴근이 가능한 수도권 아파트 가격은 확실히 차이가 난다. 교통, 일자리, 교육여건을 고려하면 그 가격 차이가 납득이 간다. 그렇다면 아파트가 아닌 빌라 또는 다세대 가격은 어떨까 궁금해졌다.

결론은 1억 대 후반 가격을 기준으로 보면 아파트 가격만큼 간격이 벌어지지는 않는다. 같은 가격대라면 수도권은 좀 더 신축이고 좀 더 넓어지는 정도이다. 이 지점에 관심을 가지면 큰돈이 아니어도 서울 빌라 구입이 가능하다. 적절한 가격에 재개발까지 가능하다면 눈여겨보게 된다.

내 관심 지역은 서울 은평구 어느 역세권 지역이었다. 도로 폭도 좁고 구축 빌라들이 빼곡하여 깔끔하지는 않았지만, 전철역이 가까운 역세권으로 용적률도 높은 평지다. 가까운 곳 불광천에는 평일에도 운동하는 사람들이 많았다. 상암동 일자리도 가깝고 거주요건은 나쁘지 않았지만, 아직 낮은 가격대 빌라 구입이 가능했다.

이 지역에 나처럼 관심이 있던 친구는 급하게 매도를 하는 빌라가 있다는 소식을 들었다. 저렴한 가격이 마음에 들었지만, 자금회전을 고려하여 포기했다. 결국 내가 매수하게 되었다. 내 관심 지역이고 가격대를 알고 있었기 때문에 결정이 빨랐다. 빨리 팔아야 할 이유가 있었고 게다가 낡은 집이어서 더욱 저렴했다. 인테리어 비용이 적잖게 들어가지만 공실탈출 프로젝트를 이용하면 충분히 높은 전세가격이 가능해 보였다.

이 집은 단독처럼 보이지만 세대별로 등기가 된 다세대주택이다. 빌라보다 규모가 작은 단위이고 앞집 옆집과 많이 붙어 있다. 내가 매수한 집은 1층이고 방 2개, 욕실 1개, 그리고 주방이 약간 넓다. 전용면적이 10평 조금 넘으니 사실상 거실 기능은 없다. 집을 처음 보러 갔을 때 받은 첫인상은 어둡고 발 디딜 틈 없이 복잡하다는 느낌

Before

After

Before

After

이었다. 그래도 저렴한 가격에 방 2개는 좋은 조건이다. 1인 세대부터 2인 세대까지 거주할 수 있기 때문이다.

인테리어를 할 때는 조금이라도 공간을 넓게 쓸 방법을 이리저리 방향을 바꿔가며 생각을 해본다. 현관부터 안방으로 주방으로 냉장고와 싱크대로 이동하며 내가 이 집에 사는 사람처럼 움직여본다. 냉장고와 세탁기 위치도 재구성하며 시간을 보낸다. 새로운 방법을 발견하는 경우가 많아 이 시간이 의미가 있다.

이 집의 가장 큰 문제는 싱크대와 냉장고 사이가 대각선을 이루어 그 샛길이 좁고 식탁 놓을 공간이 없다는 점이다.

해결방법은 '一'자 싱크대를 'ㄱ'자로 만들어 통로를 확보하고 집을 어둡게 만들었던 싱크대 위쪽 수납장은 과감하게 걷어냈다. 감성이 물씬 풍기는 선반을 이용한 주방으로 만들었더니 시야가 훤하고 밝아졌다. 거주장스러웠던 냉장고를 작은방과 싱크대 사이로 옮겼더니 식탁 자리가 확보되었다. 예쁜 'ㄷ'자 모양이 되었고 요리가 즐거워지는 동선이다.

접시를 올려놓는 선반 위쪽에는 작고 귀여운 조명을 여러 개 설치했다. 앙증맞은 크기 전구색 조명은 집안 전체를 카페처럼 예쁘게 살려주었다. '나 예쁨'이라고 스스로 말하는 듯하다. 새로 설치한 넓은 창과 조명은 꽤나 잘 어울렸다. 벽지와 바닥재도 밝은 분위기가 풍기는 색상을 선택했고 방등도 LED로 교체를 하니 마음까지 환하다. 옆집 앞집과 다닥다닥 붙어 있지만 넓은 창과 조명으로 훨씬 밝아졌다.

집을 수리하다 보면 이웃분들이 다녀가는데, 그들이 가장 부러워했던 공간은 욕실이다. 약간 비싼 타일을 사용하면 깔끔함을 넘어 타일 자체가 발색하기 때문에 조명거울까지 설치하면 훨씬 예뻐진다. 이웃 분들이 예쁘다고 하면 큰 칭찬으로 들린다. 욕실은 예쁘게 한다는 이야기를 좀 듣다 보니 더 잘하고 싶어진다.

이전 모습은 기억이 나지 않을 정도로 예쁘게 공간을 꾸미고 나니 부동산 사장님이 바빠졌다. 이사 오고 싶은 사람은 많았으나 전세자금 대출한도에 걸렸다. 부동산 사장님은 본인 집보다 우리 집에 더 많이 드나든다고 할 정도로 열심히 수고해 주었다. 부동산 사장님 의견을 받아들여 임차인에게 맞게 일부 전세와 일부 월세로 조건을 변경했다.

부동산에 전세매물을 등록했지만 아직 마무리할 곳이 남아 있었다. 마무리에 걸리는 시간은 예측하기 어렵다. 마음에 안 드는 마감은 돌아서면 보이고 또 보이고 안 보일 때까지 한다. 그날도 방문했는데 문이 살짝 열려 있었다. 어제 집을 보고 간 분이 오늘은 따님과 집을 보고 있었다. 계약하기로 결정했지만 또 보고 싶었단다.

대전에서 서울로 오는 이유는 딸과 가까운 곳에 살고 싶어서라고 했다. 나는 집에 대한 사용설명을 하면서 60대인 그분께 "예쁜 집을 만들었더니 공주님이 오셨군요"라고 환영 인사를 했다. 면으로 된 원피스를 입었는데 햇볕에 잘 말린 깨끗한 세탁물 같은 느낌이었다. 장식용으로 놓아두었던 식탁은 선물로 드렸다.

임차인은 이사 오고 매달 월세를 입금하면 확인하라고 문자를 보내준다. 나도 감사 표시로 가끔 커피쿠폰을 한 개씩 보낸다. 그러다가 전화 통화를 하게 되었다. "서울 딸 집 근처로 이사 오기로 결정하고 불안해서 두 달 동안 매일매일 기도했다. 기도 덕분에 처음 본 집이 예뻐서 즉시 결정하게 되었다." 이런 속사정을 들으니 마음이 뭉클했다. 가격대를 봐서는 만족스러운 집을 찾기 어렵다는 생각에 매일 기도했단다. 내가 원할 때 딱 맞는 전세물건이 없을 수도 있다. 원하는 지역에 원하는 가격과 깨끗한 정도가 모두 일치하기 어렵다. 가격이 맞으면 집이 깨끗하지 않을 수 있고, 집 상태는 좋으나 가격이 비쌀 수도 있고, 조건이 다 좋으나 이사 날짜가 안 맞을 수도 있다. 다행히도 이분은 모두 만족스러운 집을 찾았고 그 집이 우리 집이어서 참 다행이다.

도움말 _ 주변보다 월등히 예쁜 집은 계약조건에서 우선권을 갖는다. 일부 전세와 일부 월세구성은 역전세 상황이어도 자유롭다.

10
우리 집은 마치 제주도 펜션

인테리어를 하면서 어떤 사람이 이 집을 선택할지 궁금하다. 대략 콘셉트를 잡기는 한다. 규모가 작은 소형주택은 1인~2인 세대를 염두에 두고 인테리어한다. 이번에 이야기할 아파트는 12평으로 방과 주방이 분리된 상태였다. 작으면 작은 대로 인테리어가 예쁘게 나오는 포인트가 있다. 공사가 끝나자마자 신혼부부가 계약했는데 이유가 명확했다. 신혼부부는 제주도 펜션에서 경험한 행복한 기억을 우리 집에서 다시 떠올리게 되었다. 매수와 인테리어 과정을 살펴보자.

12평 아파트는 역세권으로 인기 있는 반면 규모가 작아서 실거주용보다는 임대용으로 활용되고는 한다. 소액 월세라도 어르신 용돈에 도움이 된다고 주변 사람들이 소유하고 있었지만 가격은 늘 그대로였다. 복도를 사이에 두고 남향과 북향으로 나뉘고, 조립식이다 보니 수시로 누수 문제가 터진다. 이렇게 골칫거리가 되는 아파트도 오를 때가 있다.

부동산 흐름은 규제와 금리의 영향을 받는다. 규제는 대출과 관련된 금융규제도 있고 세금 규제도 있다. 저금리로 대출이자가 낮아지면 수익형 상품은 수익이 올라가므로 상가나 건물가격이 상승하기도 한다. 금리가 급상승하면 주거상품이든 수익형이든 어려움을 겪는다.

약 2년 전 이 아파트는 정부정책의 영향을 받았다. 경기도에서 시행한 토지거래허가지역에 해당이 되면 취득이 쉽지 않았지만, 토지 면적이 일정 규모 이하면 예외사항이 있었다. 해당 아파트는 규모가 작은 초소형이라 토지거래 허가를 받아야 하는 규제로부터 자유로웠다.

전화기를 만든 미국 발명가 알렉산더 그레이엄 벨은 "하나의 문이 닫히면, 또 다른 문이 열린다"고 했다. 정부 규제는 또 다른 길을 만들었다. 토지거래허가라는 규제는 매수라는 문을 닫았지만 일정 규모 이하라는 새로운 문을 열었다. 이 포인트는 매수 기회가 되었다.

오래되고 낡은 아파트지만 내부까지 낡아야 할 이유는 없다. 아파트 가격이 오르지 않으니 임대인은 인테리어를 해주기 어렵고 그러다 보니 전세가격과 아파트 가격이 오를 수 없는 악순환의 연속이었다. 임차인은 좋은 집을 원하지만 구하기 쉽지 않기 때문에 자신감을 갖고 포인트를 찾는 게 내 일이다.

이 아파트는 가스 배관이 방안으로 지나간다. 처음 보았을 때 '가스폭발'이라는 단어가 생각이 났고 가스 냄새가 느껴질 듯한 두려운 생각도 들었다. 거주하면서 익숙해지면 잊히겠지만 가스누출이라는 사고를 완전히 막을 수도 없다. 안전까지 고려한 좀 더 나은 환경을 만들고 싶었다.

새시부터 전체 수리가 필요했다. 인테리어가 필요한 집은 늘 그렇 듯 어둡다. 형광등도 깜박이고 벽지도 누렇고 창문도 보온을 위한 비 닐로 자연광을 차단했다. 욕실은 청소를 해도 깨끗해질 수 없는 낡음 이 있다. 눈을 가리고 싶을 때도 있다. '나는 왜 이런 지저분한 곳을 봐야 하지?'라는 물음이 생길 때도 있었다. 그러다 '왜 나는 지저분한 곳을 보면 안 된다고 생각하지?'라고 제이퍼포먼스 코치 질문을 응 용하여 바꾸어 보니 인테리어를 위한 절차로 이해할 수 있었다.

작은 욕실을 크게 바꿀 수는 없지만 밝고 환하게 만들 수는 있다. 타일에 조금 더 비용을 추가하고 변기와 세면기를 좀 더 예쁜 모양으 로 시공하면 된다. 슬라이드 장에 간접조명으로 멋을 내면 호텔 욕실 흉내 내기 정도는 된다. 하루 피로를 해소하는 일은 욕실에서부터 시 작된다. 깨끗한 욕실을 만들어 제공하는 일은 의미 있고 보람 있다. 가치를 만드는 일이고 돈으로 환산이 가능하다.

주방도 작지만 배달 음식이 생활화된 패턴을 생각하면 1인~2인을 위한 요리 생활에도 큰 무리가 없어 보였다. 편리함을 추가하기보다 는 기본에 충실함이 더 중요한 현장이었다. 4구 가스레인지가 들어 갈 수 없으니 2구 가스레인지로 만족했다. 수납공간도 부족한 면이 있지만 배달 문화를 생각하면 어느 정도 감수할 수 있다.

인테리어가 완료된 모습

아무리 초소형이라고 해도 기본 인테리어 비용은 있다. 타일 시공은 욕실과 주방, 베란다에 유용하게 사용된다. 그에 비해 목공은 인건비가 높지만 이번 현장에 꼭 필요한 시공이었다. 방과 주방 사이에 좁아 보이게 하는 미닫이문을 철거하니 마감이 중요했고 오래된 욕실 문을 위한 작업도 필요했다. 가스배관도 완전히 가릴 수는 없지만 일부는 가릴 수 있었다.

작은 집일수록 빛이 중요하다. 새시도 교체했으니 자연광도 충분하고, 깜박이던 형광등도 감성이 느껴지는 조명으로 바꾸었다. 간접조명과 어울려 아늑하면서도 밝은 집이 되었다. 팽팽하고 반듯한 벽지와 잘 어울리니 마음속까지 뻥 뚫리듯 시원했다.

주변에는 경쟁 물건이 많다. 내가 원하는 가격에 전세계약이 되어야 하니 더욱 신경 써야 한다. 집을 보러오는 사람들도 여러 집을 보면서 가격과 집 상태, 교통 등을 고려해서 결정한다. 부동산 사장님에게 대략 집 상태 이야기를 듣지만 기대와 불안은 교체한다. 나는 그들에게 눈이 번쩍 뜨이게 인테리어를 하고 싶다. 우리 집을 보자마자 '바로 여기야. 내가 살고 싶은 집이야.' 이런 마음속 소리를 듣고 싶다.

인테리어가 끝나자마자 이런 내 마음과 통하는 신혼부부가 계약을 했다. 나는 신혼부부가 입주를 하는 날 욕실의 미흡한 부분 마감 작업을 하고 있었다. 신혼부부 부모님도 이사를 도와주러 왔다. 집이 좁다 보니 가족이 하는 이야기가 욕실에 있는 나에게도 들렸다.

펜션처럼 꾸미고 사는 신혼부부

"엄마, 여기 제주도 펜션 같지?"

"그래, 너무 좋다." 모녀의 대화가 이어졌다.

그랬다. 신혼부부가 우리 집을 선택한 이유가 제주도 펜션에서 느꼈던 감정과 연결되었기 때문이다. 여행계획을 세울 때 음식보다 숙소에 더 집중한다는 이야기도 있다. 여행지 숙소는 일상생활과 연결되지 않는 여유로운 휴식이 있고 아늑하고 편안한 위로가 되며 행동을 이끄는 에너지가 된다. 신혼부부는 제주도 펜션에서 경험한 행복한 기억을 우리 집에서 보고 전세계약을 하는 계기로 삼았다. 임차인이 원하는 집이 내가 만들어야 할 집이다. 12평 좁은 집이었지만 신혼부부가 예쁘게 살림을 정리한 모습을 보니 마음이 흡족했다.

 도움말 _ 하나의 문이 닫히면 또 다른 문이 열린다.

11

평범한 복충아파트,
누군가의 로망

누구나 살아보고 싶은 집이 있다. 복충아파트를 본 적이 있다면 한 번쯤 살아보고 싶은 생각이 든다. 복충아파트는 소수 세대여서 매물이 잘 나오지 않는다. 나는 누군가의 로망인 복충아파트를 갖게 되었다. 임차도 매매도 원하는 대로 이루어졌다.

지금은 부동산이 얼어붙어 있지만 한때는 밤새 매물 검색으로 시간 가는 줄 몰랐다. 모두가 고요하게 잠든 시간이라 집중도가 올라간다. 관심 높은 지역 아파트 매물 정보를 등록한 부동산 사장님 세 명을 메모해 두었다. 새벽에 잠깐 눈을 붙이고 설레는 마음으로 9시가 되기를 기다려 해당 물건을 보고 싶다는 내용을 전달했다.

부동산 사장님 안내로 집 구경도 잘하고 가격 홍정까지 마쳤다. 그런데 갑자기 태도를 바꾸었다. 남편과 상의한다더니 순식간에 매물을 거두었다. 알고 보니 내 실수였다. 다른 부동산 사장님에게도 의뢰했던 매도자는 중복으로 연락 받자 매수자가 여러 명이라 생각하고 빠르게 매물을 거둔 것이다.

허탈해하는 나를 보던 부동산 사장님은 다른 아파트를 보라고 권했다. 탑 층이라서 싫다고 했는데 복층이라는 말에 귀가 번쩍 뜨였다. 복층은 같은 평수여도 서너 평은 더 쓸 수 있기에 가격이 높다. 게다가 매도를 취소한 세대보다 가격도 낮았다. 복층은 세대수가 많지 않아 매물이 쉽게 나오지 않는다. 그러니 가격에 복층이라는 프리미엄 가격이 형성되지 않은 상태였다.

공실이어서 쉽게 집을 구경할 수 있었다. 복층으로 올라가는 계단은 조금 부실했지만 복층이란 사실이 더 중요했다. 계단은 새로 설치하면 된다. 집 상태는 중상 정도였고 복층인데도 저렴한 가격에 가슴이 두근거렸다. 처음 원했던 집보다 더 좋은 집이 눈앞에 나타났다.

그렇다고 쉽게 내 물건이 되지는 않았다. 어제 이 집을 보고 간 사람이 있었고 계좌를 기다리고 있다는 좋지 않은 소식이다. 회사 보유 물건이고 직원 사택으로 사용했던 집이다. 매도에는 절차가 필요하니 오늘 회의를 통하여 매도가 결정되면 사장님 결재까지 이루어진다. 그 이후 계좌를 보내주기로 했고 어제 보고 간 사람도 기다린다니 잠시 고요함이 흘렀다.

아직은 누구도 계좌를 받지 않았으니 최종 매수자는 결정되지 않았다. 부동산 사장님도 어제 보고 간 사람이 매수하지 않을 수도 있으니 내게 집을 보여주었다고 생각했다. 내게도 기회가 있었다.

그러는 사이 계좌가 나왔고 부동산 사장님도 망설였다. 망설이는 이유를 공동중개 건으로 중개수수료가 달라진다는 점을 눈치챈 나는 부동산 사장님에게 현장에 함께하는 사람이 우선이라고 애원하며 설득했다. 부동산 사장님이 나에게 계좌번호를 주어야 하는 명분을 만들었다. 그렇게 나는 원하는 계좌를 받고 계약금 일부를 입금했다. 현장 분위기는 현장에서만 생생하게 알 수 있다.

아파트 컨디션은 그리 나쁘지 않았다. 탑 층이라 파란 하늘 뭉게구름도 인테리어 일부가 되었다. 거실은 확장되지 않았지만 더 좋은 복층이 있으니 단점은 아니었다. 거실은 복층까지 뻥 뚫려 층고가 높아 시원했다. 복층으로 올라가는 계단은 접이식이었고 교체가 필요하여 고민이 되었지만 그대로 사용하기로 결정했다.

복층이라는 장점만으로 모든 부분이 좋아 보일 정도로 흥분했다. 욕실도 일부만 수리하고 도배장판만 해도 공간이 단정해졌다. 널찍한 베란다는 페인트를 새로 칠하고 나니 햇볕을 받아 더욱 반짝였다. 방문 손잡이도 예쁜 제품으로 교체하자 집은 점점 빛나고 있었다.

주방 싱크대는 나쁘지는 않았지만 변화를 주고 싶었다. 인테리어 필름지를 구입하여 가족들 도움을 받아 벽지와 어울리는 색상으로 교체했다. 우리 집을 보러오는 사람들은 다른 집도 보고 온다. 욕실과 주방이 중요하다는 부동산 사장님들 의견은 잊지 않고 있다. 중개하면서 사람들 반응을 보고 하는 말이니 주방은 최대한 깔끔하게 해두어야 한다.

단정하게 정리된 복층 아파트

복층이라는 특별한 가치가 있다고 믿고 있으니 시장 가격이 궁금했다. 매물로 등록된 최고가격보다 복층 가치 10%와 미래 상승분을 반영하여 6천만 원을 올려 내놓았다. 당장 매도되리라 생각하지는 않았지만 원하는 가격으로 될 때까지 기다릴 생각이었다. 부동산 사장님도 그 가격으로 매도가 되려면 시간이 걸린다고 하면서도 네이버부동산에 매물로 올려주었다.

매매가 될 때까지 단기 월세라도 놓고 싶었다. 다만 임차인에게는 매도가 되면 이주하는 조건으로 월세는 시세보다 조금 낮추었다.

사람들 상황은 정말 다양하다. 장기거주에 불리한 상황인데도 월세 계약이 되었고 계약 다음날 입주했다. 대개는 이사 준비 기간이 있으니 한두 달 후에 이사를 온다. 급하게 이사를 하는 이유를 물어보지는 않았지만 즉시 입주가 가능하여 임차인도 나도 다행이었다.

입주 후 2달 정도 지나 갑자기 매수자가 나타났다. 평상시에 복층에 사는 게 꿈이었는데 이사계획 중에 우리 집을 발견했다. 복층에 거주하는 친구가 있어 로망으로 간직하고 있었으니 최고가격이어도 매수를 원했다. 나는 임차인에게 양해를 구했고 임차인도 협조해 주었다. 집도 잘 보여주고 이주에 대한 내용도 충분히 이해했다. 이사비 지원에 대한 추가 요청도 나는 흔쾌히 받아들였다. 사전에 협의가 되어도 임차인이 임대차 법을 끝까지 주장하면 매도가 어려운데 특약을 잘 지켜주었다.

매수도 매도도 아슬아슬하게 했지만 그만하면 순조로운 진행이었다. 부동산을 사고파는 과정에서 계약서, 구비서류, 인테리어 같은 절차도 중요하지만 사람 관계를 풀어가는 유연한 스킬은 매우 중요하다.

12

어린 자녀들도 좋아하는 집

경기도 안산에 소재한 아파트는 애지중지하며 인테리어를 한 곳이라 매도를 위하여 비워두었지만 금리상승으로 가격이 급락하면서 원하는 가격을 받을 수 없게 되었다. 그동안 지불하던 대출이자가 갑자기 상승하자 부담이 되었다. 포지션을 바꾸어 전세로 임대를 원했으나 전세자금 대출 이자 부담으로 사람들이 전세계약을 하지 않고 있었다. 부동산 사무실을 돌면서 이야기를 들어보니 빠른 대처가 필요했다. 결국 임차인에게 유리한 월세 조건으로 변경했다. 다행히도 임차인 아들이 마음에 들어 해서 적지 않은 월세에도 이사를 왔다.

아파트 가격이 오를 때는 사람들이 비싸도 산다. 그래서 가격이 오른다. 기존에 갖고 있던 아파트를 부동산 사장님에게 매매가격을 높여 매도를 의뢰했는데 덜컥 계약되었다. 최고가 가격에도 생각보다 빠르게 계약이 되었고 거래가격은 금세 소문이 난다. 소문나기 전에

할 일이 있었다.

아직 이 사실을 모르는 저렴한 매물을 살 기회가 되었다. 아파트 가격은 표면상으로는 조금씩 움직였지만 내가 거래를 하고 보니 생각보다 큰 폭으로 오르고 있었다. 내 집 마련을 하는 사람은 최고 높은 가격이어도 매수했다. 같은 단지 첫 번째 아파트는 최고가로 매도하고 두 번째 아파트를 매수하게 되었다.

특별한 사연이 있어 가격이 낮았다. 명의자인 아버지 건강 상태가 갑자기 안 좋아져 아들이 매도 권한을 확보하는 데 시간이 걸린다고 했고 지루하게 1년을 기다린 끝에 우리 집이 되었다.

저렴한 매물은 저층이라는 불리한 점과 수리 안 된 낡은 집 상태 그대로였다. 빨강색 꽃무늬가 커다란 벽지와 파벽돌로 둘러싸인 집 안은 어두컴컴했다. 인테리어 경험이 꽤 있는 나조차도 좋은 모습을 상상하기에 한계를 느꼈다. 가격이 낮으면 낮은 이유가 있다.

좋은 상품으로 만드는 일은 이제 내 능력이다. 우선 큰돈 들어가는 공정부터 해결책을 찾아보았다. 현관과 베란다에 시공된 파벽돌을 철거할지 그대로 사용할지 고민했다. 파벽돌을 철거하면 철거비용과 페인트 같은 추가 작업으로 비용이 두 번 발생한다. 작업공정을 한 번으로 줄이면 비용이 줄어든다. 파벽돌은 그대로 두고 페인트 시공으로 결정했다.

거실은 확장하고 싶지만 고민스러웠다. 거실을 확장하면 외부 새시를 2중창으로 해야 하고 베란다로 통하는 문이 2개 필요하며 베란다 난방 공사도 해야 한다. 공정으로 보면 4가지가 추가되었다. 비용을 절감하려고 폴딩도어로 설치하니 4가지 공정이 하나로 줄고 비용은 절감되었다. 여름에는 폴딩도어를 열고 겨울에는 닫고 사용하면 된다.

거실 욕실은 리모델링하고 간접조명도 넣었다. 안방 욕실은 타일이 단단하여 세면기와 양변기만 교체하고 비용을 줄였다. 천장 가까이 벽에 있던 조명기구를 천장으로 올려 매입을 하니 깔끔하고 예뻐져 수리 이전 모습은 떠오르지 않았다.

비용을 줄이려고 노력했지만 줄일 수 없는 공정이 목공이었다. 몰딩을 교체하면서 내친김에 안방 침대 헤드 부분에 간접조명을 넣었다. 간접조명으로 눈부심을 방지하여 편안하고 아늑해졌다. 목공이 추가되니 간접조명이 더욱 풍부해졌다. 목공은 작업에 필요한 기계를 직접 가지고 다니기에 기계 감가상각비를 고려하여 인건비가 높게 책정되는 면이 있다. 비용이 들어가지만 목공작업은 효과를 발휘한다.

안방은 침대 헤드와 욕실, 화장대 조명에 리듬감이 생겼다. 주방에도 위쪽 수납장에 T5 조명으로 빛을 넣었고 식탁등과도 어울렸다. 거실 욕실도 수건장에 간접조명을 넣고 커튼박스에도 T5 조명을 넣으니 간접조명 부자가 되었다. 기본등과 간접조명을 섞어서 사용할 수도 있고 간접조명만 용도에 맞게 사용할 수도 있다. 리듬감이 있는 조명은 사람들 얼굴을 더욱 예뻐 보이게 하는 마력이 있다. 밝은 얼굴은 서로에게 좋은 에너지가 된다.

인테리어를 완성하고 언제든지 원할 때 매도하기 위해 집을 비워 두었다. 그러나 부동산 시장은 내 마음과 반대로 흘러가고 있었다. 금리가 오르면서 부동산 거래는 줄어들었고 원하는 가격에 매도는 불가능했다. 전략을 바꿔야만 했다.

매매뿐만 아니라 전세까지 거래가 조용해 발 빠른 대처가 필요했다. 서울 부동산 사장님과 부산 부동산 사장님이 똑같은 말을 하는 상황을 보았다. 부동산 사무실에 전화가 울리지 않아 친구에게 부탁해 테스트했다는 말을 똑같이 했다. 전국 부동산 시장이 얼어가고 있었다.

이런 와중에 중요한 이야기를 해준 부동산 실장님이 있었다. 매매 거래도 실종되었지만 전세를 찾는 사람도 없다는 말이었다. 그 이유는 전세를 찾는 사람은 전세자금 대출을 받게 되는데 금액 전체를 대출받는 게 아니라 대략 전세금액 80% 선에서 대출받고 20%는 현금이 필요하다. 예를 들어서 3억짜리 전세라고 하면 6천만 원이라는 현금이 필요하다. 월세는 전세자금 대출이자와 비슷하지만 보증금이 훨씬 적게 든다. 이렇게 상황이 변했으니 임차인은 전세보다 월세만 찾았다.

이런 이야기를 들으면 내가 어떻게 행동을 해야 하는지 빠르게 포지션을 정해야 한다. 금리는 상승으로 방향이 정해졌고 언제 내릴지는 아무도 모른다. 매도를 위해 비워두었던 아파트는 전세에서 다시

화이트 계열로 더 넓고 환해진 집

월세로 조건을 변경했다.

마침 앞 동에서 이주를 해야 하는 사람이 우리 집을 보게 되었다. 마음에 들어 했고 적지 않은 금액에도 빠르게 월세로 계약되었다. 그 이유는 아들이 좋아했기 때문이다. 다른 집은 진한 색 마감재로 어두 컴컴했지만 우리 집은 화이트 계열이라 더 넓고 환해서 초등학생도 마음에 들어 했다.

내가 만든 집을 누군가 좋아해 줄 때 보람을 느낀다. 임차인이 입 주하고 적응할 때쯤 통화를 했다. 살아보니 아들이 더 좋아한다고 이 야기했다. 간접조명이 풍부한 집이니 잘 활용하면 좋겠다고 꼼꼼히 알려주었다. 설계가 잘된 조명은 늦은 밤까지 활동해도 피로도가 낮 아 건강한 생활에 도움이 된다. 이 집은 간접조명이 많아 밤이 깊을 수록 하나씩 소등하면서 테스트를 거쳐 완성했다.

도움말 __ 인테리어 공정 숫자를 줄이면 비용이 줄어든다. 부동산시장 이 급변하면 상황을 면밀히 관찰하여 빠르게 대처해야 한다.

13

계약금도 포기하고 매수하는
매력적인 집

강원도 원주에 갖고 있던 작은 아파트에 역전세가 발생했다. 역전세 원인도 모를 때라 어리바리했다. 처음 겪는 일이라 당황했지만 어떻게든 해결해야 했다. 당시에는 인테리어라고는 친구 도움을 받아 딱 한 번 해본 경험이 전부였다. 한 번이지만 경험이 되었고 용감하게 인테리어를 하여 매도까지 하게 되었다. 나를 문제로부터 벗어나게 해준 매수자는 이미 계약한 집의 계약금까지 포기하고 우리 집을 사주었다. 투자부터 매도까지의 이야기다.

이 아파트를 매수하게 된 동기는 간단하다. 우리 아이 결혼자금에 도움이 되었으면 했다. 아기 때부터 1만원씩 매달 적금을 부었고 나중에는 금액을 올렸지만 20년 동안 450만 원 정도가 모였다. 많은 금액은 아니지만 당시에는 20년 동안 저축했다는 점이 중요했다.

이 자금에 금액을 보태어 전세를 끼고 소형아파트를 사두었다. 7

천만 원부터 시작한 전세는 9,300만 원 정도가 되었지만 올려 받은 전세금도 모아두지 않았다. 이런 날이 있으리라 예상하지 못한 초보 투자자였다. 전세금을 돌려주려면 9,300만 원이나 현금이 필요하니 답답한 노릇이었다.

이리저리 부동산 사장님들 이야기를 들어보면 전세가격이 떨어진 원인은 주변 입주물량 때문이었다. 신축아파트 입주가 동시에 진행되니 전세 내놓는 사람들이 많았고 앞을 다투어 가격이 내려갔다. 우리 아파트는 전세가격도 매매가격도 점점 내려갔고, 불 꺼진 빈집은 늘어만 갔다.

그동안 거주하던 임차인에게 더 거주했으면 좋겠다고 권했지만 이미 입주할 아파트가 정해져 있었다. 복지형태로 입주하기에 임차인에게는 좋은 조건이라 이주가 당연했다. 임차인은 집은 잘 보여주었지만 계약으로 연결되지 않으니 내 마음은 점점 작아지고 있었다.

몇 명이 집을 보고 갔지만 계약되지 않는 이유는 여러 가지였다. 처음에는 인테리어가 안 되어서 싫다고 했고 그 다음에는 탑 층이라 아이들이 승강기 혼자 타는 게 무섭다고 했다. 복도식도 단점이었다. 계약이 안 되는 이유를 알았으니 단점을 뛰어넘을 무언가가 필요했다.

탑 층은 내가 어찌할 수 없지만 인테리어가 안 되어 싫다고 했으니 문제해결의 답을 인테리어에서 찾아보았다. 집이라도 깔끔하게 만들고 싶었다. 처음 인테리어 할 때는 발걸음도 떼지 못할 만큼 시작이 어려웠는데 친구 도움으로 한 번 했다고 이번에는 용기가 생겼다. 서

Before　　　　　After

새집처럼 바뀐 모습

울 친구는 전화로 도와주었고 원주 친구들은 업체 선정에 도움을 주었다.

욕실은 이름도 처음 들어보는 UBR시스템이었다. 튼튼한 플라스틱 소재이고 방수에는 도움이 되지만 철거를 하니 벽이 없어졌다. 벽돌을 차곡차곡 쌓아 벽을 새로 만들었고 철거와 벽 쌓는 비용이 100만 원이라는 사실이 신기하여 지금도 기억한다.

욕실 사장님은 "예쁘게 만들어 줄게"라는 말을 자주 했는데 그 말대로 욕실은 예뻐졌다. 건식과 습식으로 사용할 수 있도록 공간을 분리해 주었고 반듯하게 정리되었다. 욕실 사장님은 우리 집이 예뻐지는 데 일등공신이었다.

복잡하고 좁아 보이는 공간은 조금씩 예뻐지고 있었다. 답답하던 미닫이문도 없애고 싱크대도 새롭게 바꾸었다. 도배, 장판도 교체하고 베란다 타일도 교체하니 새집처럼 보였다. 거실 조명은 중요하게 생각하여 따뜻한 느낌이 들도록 전구 색을 사용했다. 주관을 갖고 해보는 인테리어는 처음이었지만 주변의 도움으로 무사히 마쳤다.

인테리어를 하면서 자랑거리가 하나둘 늘어나니 마음에 여유도 생겼다. 신축아파트가 아무리 좋아도 도심과 거리가 있으니 출퇴근 가까운 곳이 필요한 사람도 있을 수 있다. 신축 전세가 아무리 저렴해도 2천만 원~3천만 원을 추가하기 부담되는 사람도 있다. 탑 층이라 먼 곳까지 보이는 조망을 좋아하는 사람도 있을 수 있다. 이렇게 나에게 유리한 상황이 조금씩 생각났다.

한밤중에 욕실에 갈 때 슬리퍼가 질퍽하면 불쾌한데 건식이니 맨발로 사용할 수 있다. 나는 맨발로 욕실을 다녀올 때 자유를 느낀다. 욕실 청소는 또 어떤가. 양변기와 벽 사이가 넓어 청소도 수월하다. 청소하다 허리 다칠 일이 없다. 자신만만하게 장점을 찾아가고 있었다.

임차인이 이사 가면서 깨끗한 장롱과 화장대, 에어컨 지지대를 주고 갔다. 꼭 필요한 가구라 비용이 절약되는 측면이 있다. 계약이 안 될 때는 안 되는 이유만 보이더니 이제는 나를 당당하게 만드는 장점이 늘어갔다.

이제 예뻐진 사실을 알려야 했다. 나를 도와줄 부동산 사장님이 필요했다. 문자 메시지를 통해 관심 보이는 부동산 사장님을 찾고 광고를 하니 집을 보러오는 사람이 확실히 늘어나긴 했다. 여전히 계약은 안 되었지만 이제는 가격을 내려달라는 이유 말고는 특별히 다른 이유는 없었다. 부동산 사장님이 우리 집 설명하는 모습을 눈여겨보면서 직접 설명을 하고 싶어졌다. 손님이 집을 보러온다고 하면 2시간 뒤에 약속을 잡아달라고 부탁했다.

어느 날 드디어 집을 보러온다는 연락을 받았다. 열심히 운전해 도착하니 예비 신혼부부가 집을 보고 있었다. 집중이 필요한 순간이었다. 간단하게 인사를 하고 그들이 관심을 보이는 곳은 더 열심히 설명했다. 역시 욕실에 관심이 많았다. 샤워를 해도 파티션이 있고 바닥에 단차가 있어 물이 변기 쪽으로 넘어오지 않는다. 청소도 쉽고 늘 청결한 사용이 가능하다. 나는 수다쟁이가 되었다.

예쁜 조명처럼 감성으로 다가오는 부분도 있지만 금전적인 이익도 중요하다. 장롱과 화장대 에어컨 거치대가 있으니 많은 돈을 아낄 수 있다는 점도 강조했다. 예비 신혼부부는 관심 있게 들었고 반응도 좋았지만, 다음날도 그다음 날도 소식이 없었다.

기다리는 동안 다른 좋은 소식이 있었다. 어느 투자자가 다른 물건을 계약했는데 그 계약금을 포기하고 우리 집을 계약하겠다는 것이다. 계약금까지 포기한다니, 역전세를 걱정하던 나에게는 큰 기쁨이었다.

매도가 되었는데 그동안 소식이 없던 예비 신혼부부가 전세계약을 하겠다고 연락이 왔다. 그래서 우리 집 매수자와 연결해 주었다. 매도 잔금 날짜와 신혼부부 입주 날짜가 맞지 않아 고민하는 매수자 금융 문제도 도움을 주었다. 매수에 도움이 되도록 조건을 만들어주고 사례비로 100만 원쯤 더 받은 걸로 기억한다.

매도가격은 깎아주지 않았고 그 이후에도 몇 년간 최고가 매매로 남아 있었다. 아이 결혼자금에 쓰려고 준비했던 아파트는 우여곡절을 겪으며 매도되었다. 입주물량이 많아도 멋진 인테리어는 매도에 도움이 된다. 이 경험은 공실탈출 프로젝트를 시작하는 계기가 되었고 5년째 공실탈출이 필요한 사람들과 연결되고 있다.

도움말 _ 부동산 투자와 인테리어를 접목하면 가치가 상승되고 원하는 거래가 빨라진다.

14

5층 계단도 두렵지 않은 집

재개발지역에 빌라를 매수하고 인테리어를 하고 싶다는 의뢰 전화를 받았다. 방 2개 10평대 빌라이고 5층이다. 빌라 매수가격과 예상하는 전세가격, 인테리어 비용 이 세 가지 조건의 상호관계가 중요하다. 30년이 넘는 오래된 빌라는 집수리 비용을 먼저 정하면 자금압박과 마음고생에서 자유로워진다. 승강기 없는 5층, 어떻게 전세계약에 성공했는지 살펴보려 한다.

공실탈출 인테리어를 시작하면서 좋은 점은 다른 사람들의 투자 이야기를 들을 수 있다는 점이다. 지역에 대한 이야기도 들을 수 있고 투자종목에 대한 정보도 소중하다. 인테리어는 나와 다른 사람을 연결해 주는 소중한 도구다. 성공한 경험이 쌓일수록 임대를 위한 인테리어는 점점 특화되어 간다. 나는 임대인에게 부담되는 인테리어를 해결해 주고, 나 자신도 공실탈출 경험이 쌓여 소중한 자산이 된다.

내 경험은 우선순위를 정하는 데 도움이 된다. "13평 빌라인데 인테리어 비용이 얼마나 들까요?"라는 질문에 역으로 묻는다. "인테리어 비용으로 얼마까지 사용이 가능한가요?" 이 질문에 대한 답변은 매수 단계부터 고려사항이다. 대부분은 그렇게 한다. 전세가격은 임차인이 수용하는 가격과 집수리 상태가 맞아야 한다.

특히 재개발 지역은 많은 주택이 수명을 다했음을 누구나 인정한다. 절차라는 과정이 있으니 지금 시작하면 이주가 시작되기까지 3년이 걸릴지, 5년이 걸릴지 모르는 일이다. 그때까지 임대를 하려면 인테리어 비용을 줄이는 방법도 있지만 매수가격을 고려하면 전세가격은 더 중요하다.

의뢰인이 예상하는 전세가격은 9천만 원이고 인테리어 비용은 500만 원이었다. 보내준 사진으로 보았을 때 500만 원을 사용해도 전세 9천만 원 받기는 어려워보였다. 현장을 좀 더 꼼꼼하게 보기 위해 임차인이 이사 간 다음 방문했다. 실제상황은 사진보다 훨씬 심각했다. 걸을 때마다 방바닥에서 신발이 떨어지지 않고 쩍쩍 달라붙는 느낌이었다.

벽에 부착된 싱크대는 금방이라도 흘러내릴 듯 위험해 보였다. 화장실은 선글라스라도 준비해 올 걸 하는 후회가 들었다. 게다가 곰팡이 천국이었다. 거실은 도배 대신 타일로 시공된 걸로 보아 아주 오랫동안 곰팡이로 고생했던 모양이다.

가끔 이런 상황을 보게 된다. 아마도 먹고사는 문제가 더 시급하여

Before

After

Before

After

집을 돌볼 여유가 없었으리라 생각한다. 힘들게 일하고 집에 오면 몸이 아프고, 몸이 아프니 청소할 시간이 없고, 청결하지 않으니 건강에 영향을 미치고, 병원 다니느라 돈 벌 시간이 부족한 악순환의 연속이었으리라 생각한다.

내가 하는 인테리어 작업은 열악한 환경에 처한 집을 하나씩 없애고 마음까지 환한 집을 제공하는 작업이다. 거기에 보람이 있다.

투자자라고 모두 넉넉하지는 않다. 처음에는 다 소액으로 시작한다. 의뢰인도 급여생활자로 생활비 아껴가며 매수했기에 고민이 되었다. 500만 원이면 주방이든 욕실이든 하나는 포기해야 하고 아무리 적게 들어도 천만 원은 필요하다. 그러면 밝고 넓고 예쁜 집이 될 수 있으니 전세가 1억은 가능해 보였다. 더욱이 장기보유 목적으로 매수했으니 초기 전세가격이 중요했다. 의뢰인과 의견을 조율해 비용이 많이 들어가는 창문은 그대로 사용하고 창문 이외 전체 수리를 결정했다.

인테리어를 시작하면서 가장 큰 문제는 욕실이었다. 욕실 창문이 좁아 수건장과 거울을 나란히 설치할 수 없었다. 수건장은 꼭 필요한데 설치 가능한 곳은 사용하기에 문제가 있었다. 좁은 욕실이어도 사용하기 편하고 예뻐야 한다. 타일 시공팀이 환풍기가 있으니 창문을 막자는 의견을 주었고 작은 아이디어이지만 효과는 100점이었다. 창문을 막으니 거울과 수건장을 나란히 붙일 수 있었다. 앞으로 이 집에 거주하게 될 사람은 작지만 예쁜 욕실을 사용할 수 있다. 뿌듯함이 밀

려온다.

의뢰인 고민은 거실 타일이었다. 벽은 주로 도배를 하지만 타일은 도배 비용이 절약되고 곰팡이 걱정도 없으니 더 이상 고민거리는 아니었다. 누군가 시공한 타일을 보면서 생각을 유추하고 배우게 된다. 겨울이면 벽이 차가운 느낌은 있지만 일부러 바꾸지는 않아도 된다.

위험해 보이던 싱크대도 교체했다. 곰팡이 가득한 벽도 싱크대 사장님이 뚝딱뚝딱 해결하고, 누런 몰딩과 문도 페인트팀이 멋지게 변신시켰다. 욕실, 페인트, 주방 팀 모두 내 협력자 역할을 충분히 해주었다. 나에게는 오랫동안 한결같은 팀이다. 여러 사람 수고로 집은 이제 완전히 다른 모습이 되었다.

이제 집을 더욱 반짝이게 만들어 줄 청소가 남았다. 입주청소는 현관을 들어와 내부만 하면 되지만 이곳은 계단청소를 추가했다. 집을 보러오는 사람이 5층도 힘든데 계단까지 지저분하면 집을 보기도 전에 마음이 상한다. 먼지 가득한 불쾌함 대신 상쾌한 기분으로 집을 볼 수 있어야 한다.

부지런한 부동산 사장님이 공사 중에 집을 보고 예비 임차인에게 권해 주었다. 공사가 완료되자 전세가격 1억 원에 계약이 되었다. 의뢰인에게 인테리어 예쁘게 해줄 예정이니 전세가격 1억 받으라고 권했는데 계약이 되어 나도 마음이 좋았다. 예상보다 인테리어 비용으로 500만 원이 더 들어갔지만 전세가격은 1천만 원을 더 받았다.

의뢰인 부모님도 살고 싶어 한다는 이야기를 듣고 마음이 뿌듯했다. 예쁘게 인테리어한 집에는 보통 신혼부부가 입주하리라 예상하지만 이 집에는 70세쯤 되는 노부부가 왔다. 남편은 5층이라 가파른 계단이 두려워 싫다고 했지만 "나도 깨끗한 집에서 살아보고 싶다"고 소망을 이야기한 아내 결정에 따랐다. 임차인 임대인 모두 만족한 계약이 이루어졌다. 이 현장의 포인트는 인테리어 비용과 전세가격, 매수가격의 적절한 조율이었다. 부동산 사장님 의견은 참고만 할 뿐이고 결정은 주관을 갖고 해야 한다. 사람들이 원하는 집으로 인테리어를 하면 주도권은 자연스럽게 따라온다.

 도움말 _ 인테리어 비용과 전세가격은 어느 정도 상관관계가 있다.

15

방 한 개와 바꾼 액자 같은 집

부동산은 단기에 사고파는 일도 있지만 30년 가까이 보유하는 사람들도 있다. 임대하는 동안 여러 사람들의 사연도 차곡차곡 쌓여간다. 차분하고 신중한 성격의 박 선생은 인테리어로 세월의 먼지를 지우고 싶다며 나에게 의뢰를 해왔다. 죄송하게도 내 실수가 있었지만 다행히 전세계약은 잘 되었다. 실수 이야기는 부끄럽지만 어떤 이에게는 도움이 될 것이다.

서울과 붙어 있고 교통이 좋은 부천의 소형아파트는 인기가 높다. 서울로 출퇴근도 편리하고 생활권 안에 편의시설들이 다양하고 풍부하다. 백화점과 쇼핑몰이 입점해 있고 아파트 가격은 서울보다 저렴하니 수요가 꾸준하다.

박 선생이 결혼하고 처음으로 분양받은 아파트를 30년 가까이 잘 보유하고 있었던 이유는 입지가 좋은 지역이라 임대가 잘 되었기 때문이었다. 하지만 금리가 치솟자 임차인을 구하기 어려워졌다.

사람들은 임차할 때 월세가 유리한지, 전세가 유리한지 빠르게 파악하고 움직인다. 전세자금 대출이자와 월세로 나가는 돈을 계산하여 지출 부담이 낮은 쪽을 선택한다. 당연한 결과이지만 투자자 입장에서는 바짝 긴장이 된다. 현재 전세로 임대를 하고 있으니 월세로 임대를 하려면 목돈이 필요하다. 임대인이 원하는 전세임차인을 찾는 작업에 집중할 시기다.

우리는 '원하는 가격으로 빠르게 전세계약'이라는 목표를 세웠다. 같은 아파트 단지에는 6개월째인 공실도 있으니 얼마나 전세거래가 안 되는지 파악이 되었다. 의뢰인 아파트는 공실 기간이 발생하지 않아야 했다. 박 선생은 수시로 부동산 사장님과 상담했고 나는 전세가 잘 나가는 방법을 찾아야 했다.

18평, 방 2개, 욕실 1개, 복도식의 길쭉한 모양, 현관에 들어서면 주방은 커다란 냉장고가 차지하여 좁은 골목처럼 보였다. 아파트가 30년 가까이 되는 동안 가전제품 크기도 달라졌다. 홀쭉하던 냉장고는 양문형으로 두 배 가까이 커졌다. 세탁기 크기도 커졌지만 건조기가 들어갈 자리도 필요했다.

인테리어 고민은 현관부터 시작한다. 집에 들어왔을 때 보이는 모습 중에서 가장 고치고 싶었던 점은 냉장고 위치 변경이었다. 지금 상태라면 덩치 큰 냉장고는 빛을 가려 집을 어둡게 만들고, 벽처럼 서 있어 소리도 차단했다. 주방에 있으면 현관문을 열고 사람이 들어와도 눈치챌 수 없을 정도였다. '사람이 들어와도 쳐다보지도 않는다'는 사소한 오해를 불러올 수도 있다. 인테리어는 빛, 바람, 소리, 사람 관계까지 고려 대상이다.

커다란 냉장고를 싱크대와 나란히 배치하니 어둡던 작은 골목이 사라지고 환해졌다. 싱크대가 줄어드는 아쉬움은 있지만 식탁과 중복으로 사용할 수 있다. 냉장고 위치 변경으로 식탁을 위한 넉넉한 자리가 확보되었다. 효과는 아주 좋았다. 어둡고 좁은 골목이 사라졌고 밝고 넓고 소리까지 잘 들렸다.

이번에는 세탁기와 건조기 위치다. 작은 세탁실이 있으나 입구가 좁아 세탁기가 들어가지를 않아 새시 사장님 도움으로 벽 일부를 깎아냈다. 현장용어로 '까대기'라고 한다. 세탁기와 건조기가 쏙 들어가니 안성맞춤이었고 세탁기용 수도꼭지도 납작한 모양으로 조금이라도 공간을 확보하는 데 신경썼다. 세탁기와 건조기는 일상생활에서 중요한 제품이니 이 정도는 대우를 해주어야 한다.

우리는 '원하는 가격으로 빠르게 전세계약'이라는 목표를 중간중간 확인했다. 작은 방을 확장해 조금이라도 넓게 보이고 싶었다. 여기서 나는 커다란 실수를 저질렀다. 벽돌로 된 날개벽은 제거하면 그만큼 공간이 넓어진다. 문틀을 제거하니 벽돌 사이로 구멍이 보여 우레탄폼으로 틈새를 막기까지 하면서 제거할 생각을 못했다.

내력벽이 아닌 날개벽이 철거되지 않은 점을 발견한 시기는 바닥 난방공사와 목공까지 끝난 뒤였다. 확장된 부분이 방과 연결되어 네

액자 같은 창과 카페처럼 바뀐 공간

모 모양이어야 하는데 가운데가 튀어나왔다.

실수를 박 선생에게 사실대로 얘기했고 박 선생도 의아하다고는 생각했지만 나를 신뢰했기에 다른 의견을 내지는 않았다고 한다. 정말 미안해서 쥐구멍에라도 들어가고 싶은 심정이었지만 해결방법을 찾아야만 했다.

이 작은 방의 장점은 넓은 창이다. 넓은 창으로 보이는 뷰는 마치 액자 같았다. 초록색이 풍부한 나무가 한눈에 들어왔다. 비 오는 날 이 공간에서 차를 마시며 밖을 바라보면 한 편의 영화처럼 보일 수 있고 사계절의 변화를 명화처럼 감상할 수 있다.

실수로 만들어진 공간은 카페처럼 사용할 수 있도록 세팅했다. 예쁜 등을 달고 공간에 맞게 의자와 테이블을 배치하니 홈 카페가 되었다. 예쁜 색 쿠션과 인형은 따뜻한 공간 속에서 더욱 빛을 발했다.

인테리어는 금요일에 마무리되었고 토요일에 집을 보고 간 신혼부부와 월요일에 계약되었다. 3일 만이었다. 박 선생과 부동산 사장님 활약으로 인테리어 마무리 시점에 집을 볼 수 있도록 준비한 결과다.

부동산 사장님 말에 의하면 이들은 방 3개를 원했으나 자금이 살짝 부족했다. 박 선생 집은 방이 2개였지만 작은 방을 확장하여 큰 방 2개 효과가 있었고 전세자금도 딱 맞으면서 집이 예뻐 계약이 가능했다. 신혼부부 상황을 잘 알고 있던 부동산 사장님은 임차인과 임대인 모두 만족시킬 조건을 찾아 연결하는 실력을 발휘했다.

부동산 사장님에게 감사인사를 드리니 "내가 능력이 있어서가 아니라 그냥 순리대로 중개한다"고 겸손해한다. 인테리어가 잘되어 신혼부부에게 안내할 수 있었다고 추가로 알려주었다. 집을 예쁘게 만들고 가전제품이 안전하게 설치되도록 공간을 확보해도 부동산 사장님 중개 실력은 당연히 중요하다.

신혼부부 입주 후에 방문할 일이 있었다. 신혼살림은 예쁘게 정리되어 있었고 핑크빛이 살짝 도는 벽지와 아이보리색 소파가 아주 잘 어울렸다. 식탁등이 황금색이었는데 식탁 의자도 황금색으로 색상을 맞추어 세트처럼 보였다. 욕실 앞에도 낮은 장을 놓아 수납공간을 만들어 주었는데 잘 사용하고 있어 흡족했다. 커다란 냉장고로 입구부터 답답하던 공간은 밝고 넓게 느껴졌고 신혼부부 살림과 아주 잘 어울렸다. 창밖의 나무가 액자처럼 보이는 작은 방은 감성 조명과 잘 어울리는 공간으로 꾸며져 있었다.

목표를 정하고 박 선생과 협력하여 인테리어가 끝나는 시점에 부동산 사장님 도움을 받으며 멋지게 원하는 전세계약을 할 수 있었다. 이번 실수로 나는 정신이 번쩍 들었다.

16

사회초년생에게 선택받은
빌트인 전략

우리가 가진 두 눈으로 세상을 모두 볼 수는 없다. 거기에 한계가 있듯이 혼자 하는 생각도 한계가 있다. 주변 친구들과 생각을 나누는 일은 언제나 즐거움이다. 생각 나누기는 에너지 소모가 아니다. 오히려 에너지가 차오름을 느낀다.

윤 선생도 그런 사람이다. 인테리어도 직접 하면서 집을 가꾸고 임대하고 수익으로 연결하고 내 집도 직접 인테리어를 돌보아주고 임대까지 연결해 주었다. 투자부터 전세계약까지 원하는 가격보다 더 높게 받을 수 있었던 이야기를 해보고자 한다.

한정된 돈으로 어느 지역에 어떤 투자를 하면 좋을지는 늘 고민이다. 저평가된 지역과 상품을 찾기란 결코 쉽지 않다. 목소리가 예쁜 윤 선생은 상업지역 빌라 매수에 대하여 의견을 주었다. 상업지역은 일반 주거지역보다 높은 용적률을 갖고 금수저로 탄생한 빌라지만 오래되고 낡아 있으니 가격은 일반 주거지역 빌라 가격과 다르지 않다고 한다. 지도를 펼쳐놓고 살펴보니 저평가된 가격이 맞아 보였다.

몇 가지 더 체크해야 할 항목이 있다. 주변 신축건물 개발이 시작되는지이다. 여러 가지를 확인하고 윤 선생과 나는 매수를 했다.

빌라 주변에 사람들로 북적이는 재래시장이 있었다. 구경삼아 동네를 걷는데 5분 거리에 또 재래시장이 있었다. 사거리 왼쪽 건너편에는 2천 세대 가까운 아파트가 곧 입주를 시작할 예정이었다. 사거리 다른 쪽에도 분양이 끝난 1,600세대 아파트가 한참 공사 중이었다. 낮은 건물과 재래시장이 옛 모습 그대로인 동네에 3,600세대의 새 아파트가 들어온다.

우리 빌라 사람들이 멋지게 들어서는 새 아파트를 보면서 어떤 생각을 할지 짐작이 간다. 쭉쭉 뻗은 아파트를 보면 마음에 동요가 생기고 친구가 그 아파트로 이사를 간다면 마음에는 더 큰 파도가 일어난다. 실제로 얼마 지나지 않아 작은 움직임이 보이기 시작했다.

잔금 기간을 길게 잡고 돈을 마련했다. 매도자는 이사했고 집은 공실이 되었다. 집 상태는 알고 있었지만 매우 심각했다. 옥상에서 발생한 누수로 천장이 내려앉아 키 작은 나도 머리가 닿을 정도였다.

보수가 필요하다는 이유로 가격을 조율했다. 빌라 가격조정을 부탁할 때는 합당한 이유가 있으면 쉬워진다. 인테리어의 필요성도 그 이유가 된다. 욕실 바닥도 높은 곳과 낮은 곳으로 나뉘어 좁아 보였다. 천장처럼 수리가 필요했다.

인테리어는 육체노동이다. 결코 쉽지만은 않은 일이다. 윤 선생은 아직 어린 아기를 돌보는 엄마라서 시간 내기가 쉽지 않았지만 내 일을 맡아서 해주었다. 알고 있는 전문가를 섭외하고 척척 진행을 해주었다. 발로 뛰고 땀 흘리며 얻어낸 인테리어 정보를 내게도 공유해주었다. 시공자들과도 관계가 좋아 윤 선생 일이라면 발 벗고 나서서 도와주었다.

천장 보수를 위해 목수가 투입되었고 지지대 역할을 하는 나무까지 모두 철거했다. 누수 때문에 나무가 썩었기 때문이다. 인테리어는 무엇을 더하기보다는 불편한 점을 제거하는 게 우선이다. 썩은 나무와 내려앉은 석고보드는 그 불편한 점이다. 새로운 석고보드로 천장을 반듯하게 잡아주면 집이 넓어 보이고 눈이 시원해진다. 상상만 해도 즐겁다. 무거운 짐을 덜어낸 듯한 가벼움도 있다.

무슨 이유였는지는 몰라도 욕실 바닥 높낮이가 달라 조정이 필요했다. 작업하는 사람 입장에서는 높은 곳을 작게 조각내어 철거해야해서 상당히 귀찮을 수 있다. 그래도 윤 선생 덕분에 잘 마무리되어 훨씬 넓어보였다.

공사가 끝나갈 무렵 윤 선생도 볼 겸 현장에 방문했다. 집안에 들어서니 페인트 도구들이 보였고 인테리어 필름지가 있었다. 윤 선생이 아기들을 데리고 작업한 흔적이었다. 작업자들 관리만 해도 몸살이 날 정도인데, 직접 수고까지 해주었다. 나는 준비해 간 실리콘으로 창틀 틈새를 메꾸었다. 실리콘은 집을 단정하게 만드는 데 꼭 필요한 도구다. 임대인은 페인트 칠하는 법, 간단한 인테리어 필름 시공, 실리콘 사용법 등을 배우면 여러모로 유리한 점이 많다. 비용 절감 효과가 크고 내가 원하는 만큼 단정한 집이 된다.

대략 인테리어가 마무리되었으니 집을 보러오는 사람을 위하여 따뜻함을 입힐 차례다. 가까운 다이소에서 빨간색 포인세티아를 구입했다. 그레이 톤의 벽에 빨간색이 멋지게 어울렸다.

인테리어를 하고 나면 깔끔하기는 하지만 생동감은 없다. 집을 보러온 사람이 계약하게 되는 포인트는 감정의 변화이다. 사람들은 감각을 통해서 감정이 생기고 그중에 내가 중요하게 생각하는 감각은 시각이다. 색 중에서 빨강은 굉장히 중요하다.

집안 몇 군데를 더 정리하고 도어락 비밀번호를 바꾸었다. 이유는 부동산 사장님이 집을 보러올 때 체크가 가능하기 때문이다. 비밀번호가 바뀌면 부동산 사장님에게서 연락이 온다. 예비 세입자가 집을 본 사실을 알 수 있고 피드백을 받아 계약이 안 되는 이유를 파악할 수 있다. 비싸다는 말을 들으면 가격조정을 고려한다. 매번 바꿀 수는 없지만 상황이 될 때는 이용한다. 인테리어가 잘 마무리되어 만족스러운 집을 보고 윤 선생과 점심식사를 하고 카페에서 이야기를 나누고 있었다. 그때 부동산 사장님에게서 비밀번호를 묻는 전화가 걸려왔고 잠시 후 계약 소식을 들었다. 우리는 카페에서 나오기 전에 계약금 일부를 받았다. 유치원 다니는 어린 자녀를 데리고 다니면서 애써준 덕분에 계약까지 잘 체결되었다.

임차인은 대학을 졸업하고 취업에 성공하여 집이 필요했다. 집을 처음 보러왔을 때 "빈집인데 썰렁하지 않고 따뜻한 느낌이 들었다"고 이야기했단다. 윤 선생이 수시로 드나들면서 돌보아준 덕분이다. 임차인은 집을 구하기 위해 여러 집을 보면서 공기순환이 된 집과 안 된 집 차이를 몸으로 느꼈다.

이제 중요한 이야기가 있다. 마음을 열고 읽어주면 감사하겠다. 전세계약은 내가 원하던 가격보다 천만 원이 더 높았다. 이 점은 임차인에게도 임대인에게도 좋은 일이다. 직장 새내기라 혼자 생활하려면 가전제품이 필요하다. 세탁기와 냉장고를 구입하려면 새내기에게는 큰돈이 필요하다. 또 하나의 포인트는 전세자금 대출이자가 아주 낮았고 전세보증보험 한도가 충분했다. 이 세 가지를 조합하면 된다.

'가전제품 구입 할부금 vs. 전세 천만 원에 대한 이자.' 이 2개를 비교하면 대출이자가 더 낮다. 전세가격 천만 원을 올려 받은 대신 임대인은 세탁기, 냉장고 같은 가전제품을 제공한다.

주어진 조건값을 임대인과 임차인에게 유리하게 조합하는 능력은 유능한 부동산 사장님만이 할 수 있다.

내가 사는 지역과 먼 곳에 있는데도 윤 선생 덕분에 매수를 하고 인테리어를 했다. 부동산 사장님 능력으로 더 만족스러운 경험을 하게 되었다. 나 혼자 하는 일은 한계가 있다. 좋은 사람들의 능력 덕분에 특별한 경험이 추가되었다. 나처럼 내 일을 해줄 친구가 있다는 사실은 축복이다.

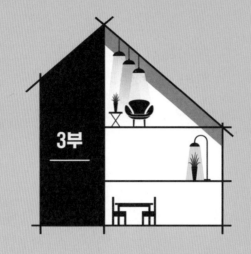

3부

공실탈출 핵심 노하우

17

공실에서 누구보다
먼저 탈출해야 한다

이즈미 마사토는 《부자의 그릇》에서 이렇게 말한다. "사람들이 파산의 원인을 빚 때문이라고 생각하지만, 사실은 수중에 돈이 없어지기 때문이다." 이를 부동산에 대입하면 수중에 돈이 없어지게 하는 주범은 바로 '공실'이므로 공실은 위기이자 반드시 빨리 극복해야 할 대상이라고 할 수 있다.

내 문제이기도 했고 주변사람들 문제이기도 했다. 다행히 나는 공실탈출이라는 원하는 목표를 이루었고 지금도 계속되고 있다.

좁은 의미에서 공실은 빈집을 말하지만 공실탈출이 필요한 대상 범위는 더 넓게 볼 수 있다. 임대인 또는 실거주 모두 해당된다. 분양받은 집으로 이사 가야 하는데 집이 팔리지 않아 잔금 확보가 어려운 경우도 있고, 갈아타기 계획이 있지만 부동산이 거래되지 않아 자금 확보가 어려운 경우, 높은 금리로 대출이자가 부담되는 경우 등 겨울 수 있는 고충은 다양하다.

집 때문에 발생하는 자금문제는 알게 모르게 여러 형태로 나타나며, 서로 경쟁 관계에 있다. 매매와 전세가 서로 연결되어 있기 때문이다.

운전 중 빨강 신호등에 걸리면 잠시 뒤 초록불을 만날 수 있으므로 기다림이 지루하지 않다. 그러나 고속도로 나들목처럼 들어가고 나갈 때 길이 좁아져서 속도가 느려지는 경우에는 빠져나가는 데 걸리는 시간을 예측할 수 없어 지루하다. 그래도 시간만 더 걸릴 뿐 조금씩 이동하기 때문에 차례를 기다리고 이동한다. 이런 현상을 병목현상이라고 한다.

부동산 시장에도 이런 경우가 있다. 팔고자 하는 사람이 많고, 사고자 하는 수요가 줄어들 때, 우리는 이를 두고 '피 터진다'고 표현한다. 자금경색으로 치열한 전쟁터 같은 고통을 겪기 때문이다. 맥주가 병목을 타고 나오는 듣기 좋은 소리 대신 부동산시장에서는 아우성이 들린다. 고통의 크기와 가격은 연결되어 있다. 더 급한 사람은 가격을 내리면서 급매라는 이름으로 탈출을 한다. 분양권을 마이너스로 팔았던 내 경험도 마찬가지다.

기다리면 언젠가는 매매도 되고 전세도 나가겠지만 그때를 모른다는 불확실성이 불안을 키운다. 나는 부동산 병목현상을 공실이라고 말하고 병목을 지나 원하는 목표를 달성하는 지점을 공실탈출이라고 정의하고 싶다.

공실탈출을 해야 하는 이유는 자금 압박 때문이다. 전세 만기가 다가오는데 다음 임차인을 구하지 못하면 전세금을 반환해야 한다. 역전세인 경우에는 전세금을 낮추어 재계약하는 협상도 가능하지만 돌려줄 현금이 없는 경우에는 이래저래 난감하다. 한동안 현금에 대한 이자를 계산하여 역월세를 임차인에게 지급하기도 한다.

임차인이 전세보증보험을 가입한 경우라도 임차인이나 임대인이나 압박을 받기는 마찬가지다. 보증보험사에서 일정 기간이 지나야 전세금을 지급하기 때문에 임차인은 그동안 불안한 마음으로 시간을 보내야 한다. 임대인이 그 돈을 갚지 못할 때는 경매라는 절차로 회수하기도 하지만, 불안한 마음은 어쩔 수 없다. 보증보험사와 협상을 통하여 원금분할방식을 선택하는 방법도 있다.

실거주 입장에서도 난감한 상황은 많다. 기쁜 마음으로 분양을 받고 입주를 위한 자금계획이 있었지만 집이 팔리지 않아 급매로 가격을 낮출 수밖에 없고 그러다 보니 때로는 피같이 모은 돈을 손해 보기도 한다. 공실이 되면 관리 어려움도 있다. 아파트 관리비 같은 공과금 관리, 겨울철 상수도 관리, 단독주택이라면 집 앞에 쌓이는 쓰레기 처리 등 사소하게 신경 써야 할 부분이 늘어난다. 이전까지 임차인이 관리하던 일을 임대인이 직접 관리해야 하기 때문이다.

그 외에 눈에 보이지 않는 손실도 있다. 자금이 원활하게 돌아가지 않아 해결하려고 지나치게 신경을 쓰다 보니 건강을 해치는 경우를 종종 본다. 전세금을 현금으로 돌려주고 공실인 경우에는 자금이 묶

여서 좋은 투자처가 나타났을 때 기회를 놓치기도 한다.

이런 이유들로 공실탈출이 필요하다.

공실탈출을 하려면 우선 명확한 목표를 끝까지 기억해야 한다. 목표는 있었으나 중간에 목표를 잊어버리는 경우도 있다. 매매하려는 이유가 자금회수인데 막상 매수자가 나타나면 팔아야 하나 말아야 하나 고민을 한다. 팔아야 하는 이유에 따라 상황이 변하면 목표를 수정할 수도 있지만 원하는 공실탈출 이유가 명확하다면 언제까지 얼마 정도에 매매를 한다고 정해 두는 편이 좋다. 매매해야 할 이유가 명확하니 결정하기 쉽고 다음 투자로 넘어갈 수 있다. 투자는 톱니바퀴처럼 연결되어 잘 굴러가게 된다.

목표는 주변 시세와 물량 개수, 가격 등을 고려하여 정한다. 네이버부동산에서 매물 가격과 개수를 확인할 수도 있지만 시시각각 변하는 가격은 부동산 사장님 의견을 참고하는 방법도 있다. 너무 낮게 내놓으면 빠른 거래는 되지만 수익이 줄어들고, 너무 높은 가격은 원하는 기간내 매도를 어렵게 만든다. 부동산 사장님들과 실시간 정보를 받게 되면 긴밀하게 대처하며 행동할 수 있다.

이렇게 공실로 인해 발생하는 다양한 문제들과 어려움은 공실탈출과 함께 사라진다. 공실탈출에 성공하면 위기에 대한 스트레스는 사라지고 위기를 극복한 자신감이 상승한다. 이 자신감은 다음 투자에 바람직한 영향을 미친다. 내 상태를 점검하고 상대방을 이해하며 원만히 해결하려는 협상 능력도 상승한다.

18

가장 먼저 공실에서
탈출하려는 계획을 세우자

공실탈출이라는 목표를 달성하려면 원인에 맞는 전략이 우선이다. 공실 원인이 무엇인지 살피고, 적절한 방법을 찾고 계획을 세워 실행하도록 설계한다. 공실 원인에 맞는 대안을 찾아가는 과정이 공실탈출 프로젝트다.

공실이 발생하는 원인은 주변에 입주 물량이 많을 때, 목표 금액이 너무 높을 때 또는 주거환경이 나쁘거나 매도자가 바빠서 신경을 쓰지 못하는 경우 등으로 다양하다.

주변에 입주 물량이 많으면 공실이 많아진다. 입주 가능한 세대가 한꺼번에 대기하고 있으니 수요에 비해 공급이 과다한 경우다. 입주 기간 두 달 동안 입주 가능한 수요는 일 년 기준 평균으로 보면 약 20% 안쪽이다. 일시에 공급이 많아지고 수요는 일정하니 가격은 떨어지고 공실이 발생한다. 한꺼번에 입주 물량을 발생시킨 신축아파

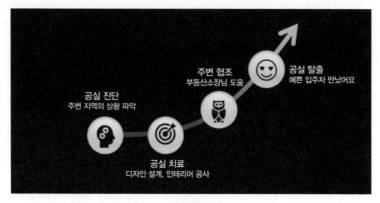

공실탈출 전략

트도 공실이 발생하지만, 인근의 구축아파트 공실은 더 많아진다. 입주 물량이 안정되는 기간까지 공실은 몸살을 앓는다.

높은 목표 금액도 공실의 원인이다. 가격이 오를 때를 예상하고 계획을 세워 공실을 만드는 경우도 있고, 공급 없는 시기를 선택하여 가격을 높게 받을 수도 있다. 현재 거래가 가능한 가격이 3억인데 3억 5천만 원에 매매 또는 전세를 원한다면 거래가 가능한 시기가 늦어지겠지만 그 또한 계획에 의한 가격 결정이다. 이처럼 계획된 공실은 큰 걱정이 없다. 문제는 계획에 없던 공실이다.

소유주가 너무 바빠서 집을 살펴볼 시간이 없는 경우도 있다. 부동산 사장님에게 의뢰하고 믿고 기다리다가 공실이 될 수도 있고 가격 변화에 대응하지 못할 수도 있다.

매수자 또는 임차인에게 환영받지 못하는 집 상태도 공실의 원인이 된다. 매물이 딱 한 개라면 공실이 되지 않겠지만 부동산에는 늘 비교 대상 매물이 있다. 사람들이 원하는 인테리어 수준은 점점 올라가고 있다. 새집은 유해물질이 많아 2년 정도 임차를 하고 유해물질이 어느 정도 빠진 다음 입주를 하는 분양자들이 있던 시절도 있었지만 지금은 그런 이야기를 하는 사람이 없다. 공기정화 방법도 널리 퍼져 있고 살기 좋은 조건이 갖춰진 신축을 점점 더 선호하기 때문이다.

공실 원인이 파악되면 대안도 함께 살펴봐야 한다. 어떻게 하면 빠른 전세가 가능한지, 지금 계약하는 사람들은 어떤 조건을 원하는지 정보를 수집하면 가격을 조정하는 데 자료가 된다.

공실 원인은 다양하지만 공통된 해결 방법은 가격이다. '가격이 깡패'라는 말도 있다. 낮은 가격의 급매는 아무도 이길 수 없다. 가장 빠른 방법이기도 하다.

가격이 중요하지만 틈새도 있다. 동시에 매물이 쏟아지는 신축 분양 아파트의 입주는 타이밍이 중요하다. 유리한 시기는 사전점검일 즈음이다. 이때는 아직 매물등록 숫자가 적다. 입주 기간이 끝나는 시점에도 매물이 줄어든다. 매물이 집중되는 시기를 잠시라도 피하면 원하는 거래가 가능하다.

신축아파트 입주로 몸살을 앓는 곳은 구축아파트다. 낮아진 가격을 찾는 사람도 있으니 그 한 사람이 우리 집에 오기를 기대하고 준비해야 한다. 신축이 선호도가 높다고 하여 모든 사람이 다 원하지는 않는다. 신축이 싫은 사람도 있고 좋아도 여건이 안 되는 사람도 있다. 구축에 살아야 하는 이유가 있는 사람도 있고 구축이 있는 지역을 떠날 수 없는 사람도 있다. 수요가 전혀 없지는 않으니 관심을 유지해야 한다.

가끔 임차인이 집을 보여주지 않는다고 호소하는 경우도 있다. 임차인이 그 집을 사고 싶어 하는 경우도 있고, 임대인과의 관계가 불만인 경우도 있고, 정말 바빠서일 수도 있다. 원인을 잘 파악해서 대응해야 한다.

여러 가지 이유로 꾸준히 관심을 가질 수 없는 경우는 신뢰하는 부동산 사장님에게 도움을 요청해야 한다. 원하는 가격과 조정이 가능한 금액도 정확하게 알려주어 부동산 사장님을 신뢰한다는 의지를 보여줘야 한다.

공실 발생 원인이 한 가지가 아니듯 빠른 매매나 전세도 복합적으로 작용한다. 그중에 하나가 사람들이 원하는 집 상태이다. 사람들이 원하는 집은 새집이고 깨끗한 집이다. 사람들이 좋아하는 집으로 만들려면 집 상태가 부분성형이 필요한지 전신성형이 필요한지를 파악하여 인테리어를 해야 한다.

사용 가능한 비용이 무리 없는 선에서 판단해야 한다. 비용이 높아지면 자칫 손해 보는 구조가 발생하기 때문이다.

사람들이 원하는 편의시설에는 에어컨 같은 제품도 포함된다. 구축이라면 에어컨에 대한 호감도가 높고 에어컨 대수가 많아질수록 공실탈출은 빨라진다. 편의시설은 기존 임차인을 계속 거주하게 하기 위한 협상에도 도움이 된다. 예를 들어 1인 세대라면 빌트인으로 건조기 겸용 세탁기를 설치해 주면 반응이 좋다. 내가 원하는 목표가 공실탈출이라면 수요자가 원하는 집을 제공하려는 마음이 준비되어야 한다.

나는 가끔 공실탈출 프로젝트를 한 단어로 정리하면 어떤 단어가 좋을까를 생각해 보았다. 지금까지 결론은 '친절함'이다. 가격을 조정하는 일도 인테리어도 임차인과 관계도 모두 친절함에서 나온다고 생각한다. 현금 확보와 전세 타이밍 맞추기도 모두 나에 대한 친절함이다. 공실에서 탈출하려는 노력 또한 나에 대한 친절함이다. 자금흐름이 원활하면 스트레스가 줄어들기 때문이다.

공실탈출 전략을 반드시 세워야 하는 이유는 부동산 거래가 원하는 대로 되지 않기 때문이다. 전략을 짜기 싫어하는 경우도 있는데, 이는 잘 알지 못하는 일에 에너지를 사용하고 싶지 않기 때문이다. 하지만 경험이 많은 사람들은 공실이 되기 전에 원하는 방향으로 탈출을 하고, 때로는 의도하고 공실을 만들기도 한다. 의도를 갖고 자유롭게 선택 가능한 부분이다.

부동산 거래 경험이 적다면 더욱 전략을 갖고 움직여야 한다. 내 수중에 돈이 없으면 돈 흐름이 막히고 그로 인해 스트레스를 받고 가족 관계에서도 어려움이 발생한다. 일상의 평화가 깨질 수 있음을 인지해야 한다.

원인이 파악되고 대안을 찾았다면 거래를 도와줄 전문가에게 도움을 요청해야 한다. 한 군데에 의뢰해도 바로 계약이 될 수도 있다. 하지만 다다익선이다. 되도록 더 많은 부동산 사장님들의 활동이 필요하다. 우리 집에 관심 갖고 열심히 광고해줄 부동산 사장님을 찾아나서는 '행동'이 뒤따라야 한다.

19
나와 같은 마음으로 일해줄
조력자 찾기

부동산 거래는 대부분 공인중개사무소를 통해서 이루어진다. 공인중개사무소는 사려는 사람과 팔려는 사람의 정보가 모이는 곳이다. 매수자와 매도자 의견을 조율하는 부동산 사장님은 공실탈출 프로젝트의 중요한 조력자이다. 공실탈출에서는 한두 명이 아니라 동시에 활동할 많은 조력자를 찾아야 한다. 사무실을 개업하고 수십 년 동안 한 장소에서 중개 업무를 한다는 사실은 대단한 일이다. 그들 중에서 내가 원하는 거래를 도와줄 부동산 사장님을 찾아야 한다. 매우 중요한 포인트이므로 반드시 숙지하길 바란다.

부동산 사장님에게 매물을 의뢰하는 방법도 다양하다. 대부분 전화 또는 방문하여 질의응답 식으로 대화를 통해 접수한다.

어떤 사람들은 A4용지에 부동산 물건에 대한 정보를 표시한다. 부동산 사장님이 만들기도 하고 매물을 의뢰한 사람이 만들기도 한다.

집이 가진 장점과 사진을 한눈에 볼 수 있게 만들면 요긴하게 쓸 수 있다. 매물의 기본 정보를 문자로 보내는 방법도 있다. 주소와 동, 호수, 가격, 인테리어 상태, 임대차정보, 매매 조건, 입주 가능한 날짜 등을 깔끔하게 정리한다. 중개를 위한 모든 내용을 정리하여 발송하면 두 번 통화할 일 없이 등록된다.

공실탈출 프로젝트에서는 이와는 조금 다른 방법을 사용한다. 내 물건에 관심을 갖고 도움을 주는 부동산 사장님을 찾아야 한다. 이러한 부동산 사장님을 찾는 방법은 핸드폰 문자를 주고받으며 이루어진다.

먼저 부동산 사장님 전화번호를 확보해야 한다. 전화번호를 알아야 문자를 보낼 수 있으니 네이버부동산에서 수집한다. 전화번호는 개인정보이므로 소중하게 다루고 물건의뢰용으로만 사용한다. 가능하다면 지역을 넓혀서 100개 이상이면 좋겠다.

처음 보내는 문자는 불특정다수에게 보내는 광고다. 문자를 받아보는 부동산 사장님 입장에서는 공해일 수도 있으니 선택권을 주어야 한다. 문자에는 아파트 이름과 평형, 매매인지 전세인지에 관한 정보만 넣는다.

'소장님 안녕하세요. 00아파트 34평 소유하고 있습니다. 현재 공실인데 전세 놓으려고 합니다. 소장님 도움이 절실하게 필요합니다. 의뢰 드리고 싶은데 가능할까요?'

이렇게 간단하게 보내면 된다.

네이버부동산에서 전화번호를 확보한다

최소 정보를 보고 거래에 관심이 있으면 동호수와 가격을 알고 싶다는 답장이 온다. 내가 보낸 문자에 답장을 보내준 부동산 사장님에게 감사한 마음이 든다. 감사인사와 함께 매물의 특징을 문자로 발송한다. 가독성이 좋아야 하므로 단어가 끊기거나 내용이 길어지지 않게 작성한다. 정확한 동호수와 가격을 알리면서 어느 정도 가격조정이 가능하다는 내용도 포함한다. 문자로 대화를 하지만 마음은 충분히 읽힌다. 동호수가 포함된 문자를 받으면 매물로 등록 여부를 결정하고 답장을 주는 부동산 사장님이 있다. 여러 번 경험을 해보니 답장을 준 부동산 사장님이 관심이 높고 계약이 이루어질 확률도 높았다.

문자가 오고 가면서 부동산 사장님은 우리 집을 기억한다. 비슷한 조건 매물이 여러 개 있을 때 우리 집이 가장 먼저 기억이 나야 한다. 한 번 본 사람보다 자주 본 얼굴을 기억하듯 내 아파트를 자주 알려야 기억한다.

관심을 보이는 부동산 사장님에게는 매물 설명과 사진을 첨부하여 발송한다. 사진을 보내면 반응이 좀 더 강하고 부쩍 관심도가 높아진다. 매물을 의뢰하는 사람과 접수하는 사람 사이에 신뢰가 생기기 시작한다. 이럴 때 커피 쿠폰 등으로 감사 표시를 하면 나를 기억시키는 데 더욱 도움이 된다. 때로는 손님과 함께 우리 집을 보러 간다는 소식을 듣기도 한다. 이때 부동산 사장님이 우리 집을 잘 설명할 수 있도록 응원이 필요하다. 상세 2페이지 내용을 요약하여 다시 한 번 문자로 보내며 응원한다.

처음에는 문자로 조력자를 찾는 일이 과연 의미 있을까 의심했지만 그동안 조력자 도움을 받아온 경험을 통해서 충분히 의미가 있음을 증명했다. 빠른 공실탈출이 그 증거다. 부동산 사장님과 자주 소통을 하다 보면 배울 점이 많다. 부동산 거래를 위한 노하우도 터득할 수 있다. 나는 이렇게 부동산 사장님들과 친해지게 되었고 많은 도움을 받고 있다.

문자를 이용할 때의 장점은 시간 절약이다. 직접 전화를 하거나 방문하면 좋겠지만 시간 관계상 소수 부동산 사장님만 만날 수 있다. 문자는 많은 부동산 사장님을 섭외할 수 있고 부동산 사장님과 대화가 불편한 사람에게도 유용한 방법이다.

20

눈 깜짝 할 사이에 집이 나가게 하는,
우리 집 상세페이지 작성

공실 원인을 파악하고 대안을 찾아 목표를 계획하고 실행하는 과정을 공실탈출 전략이라고 했다. 우리 집을 광고하고 중개해줄 조력자를 찾았다면 조력자에게 광고할 정보를 주어야 하는데 광고물은 '우리 집 상세페이지'이다.

상세페이지는 다른 말로 '우리 집 설명서'다. 기본 정보는 네이버 부동산에 매물정보 탭을 기준으로 한다. 매물 기본정보와 매물 특징, 매물 설명으로 나뉜다.

매물 기본정보는 아파트 동과 호수 또는 주소, 면적, 방과 욕실 개수, 관리비, 융자금, 방향, 난방, 입주가능일, 주차대수, 세대수, 건축물 용도, 임대조건을 기록하는데 매물을 의뢰할 때 부동산 사장님과 대화를 통해서 알려주게 된다. 부동산 사장님이 작성한 매물 특징은 네이버 부동산 매물 첫 화면에서 확인 가능하다. 나는 여기까지를 상

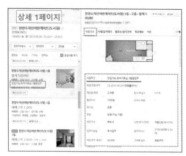

상세 페이지 예시

세 1페이지라고 말한다.

매물정보를 쭉 살펴보니 부동산 사장님들이 상세 1페이지를 한 칸씩 채우고 매물 특징 란에 대표 키워드와 세대별 특징을 보여주고 있다. 매물을 찾는 사람이 알고 싶은 내용을 보여준다. 예를 들어보면 '무악재 초역세권, 귀한 대형 평수, 아늑한 단지 뷰, 숲세권, 조합원 풀옵션 아주 좋아요'라고 되어 있다. 짧은 단어로 구성된 특징만으로도 많은 정보가 보인다.

매물특징은 부동산 사장님도 잘 알고 있다. 좀 더 디테일한 정보는 우리가 만들어야 한다. 우리는 공실탈출이라는 원하는 목표가 있고 전략이 있으므로 좀 더 세밀하게 상세 2페이지를 작성한다. 매물 설명에 관한 내용이다.

다른 아파트는 어떻게 매물 설명을 하는지 찾아보았다.

다음 쪽의 왼쪽 사진은 중개사무실에 대한 설명을 넣어 신뢰를 높이고 싶어 하는 업체이고 오른쪽 사진은 매물 관련 정보를 알차게 구성하

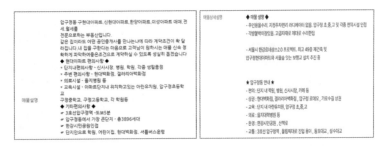

매물 설명 예시

여 매물을 찾는 사람들에게 큰 도움을 주고자 하는 의도가 읽힌다.

- 매물세대에 대한 상세 설명
- 지역 개발소식
- 지역의 편의, 상권, 교육, 의료, 환경, 교통에 관한 내용

세 개의 작은 주제로 구성된 내용은 상세 2페이지를 만들 때 참고 사항으로 권장한다.

네이버 부동산 매물을 보면 가끔 외관 사진도 있고 내부 사진도 있다. 부동산 사장님들이 직접 방문하거나 업체를 통해서 사진을 확보한다. 공간별로 나누어 보여주는 경우가 많다. 사람들이 알고 싶은 매물 특징과 설명으로 부족한 점을 사진으로 보여주려는 의도이다. 이는 부동산 상품을 위한 상세페이지다.

지금까지 상세 1페이지로 매물 특징을 정리했고 상세 2페이지로 매물 설명란을 어떻게 사용하는지 알아보았다. 이번에는 상세 3페이

지로, '사진을 통해 무엇을 보여주고 싶은가, 사람들이 보고 싶은 장면은 무엇일까?'에 관한 이야기다.

공실에서 탈출하려면 우리의 무엇을 보여줄지가 관건이다. 핵심은 보고싶어 하는 그 장면을 보여줘야 한다는 것이다. 사람들이 보고 싶은 장면은 밝은 집, 넓은 집, 아름다운 집이다. 세 단어로 정리한 이유는 사람들이 집을 말할 때 '깔끔한 집'이라는 단어를 가장 자주 사용하기 때문이다. 어두운 집, 좁게 느껴지는 집, 정돈되지 않은 집을 깔끔하다고 느끼지는 않는다. 오랜 생각 끝에 정리한 단어가 밝고 넓고 마음까지 환한 집이었다. 나는 이런 집을 만들려고 노력했고 결과가 좋았다. 뒤에서 자세히 설명하겠지만 나는 이제 이 전략을 '3B전략 (Bright, Big, Beautiful)'이라고 명칭하고자 한다. 3B전략을 통해 더 밝게, 더 크게, 더 아름답게 공간을 만들고 보이도록 상세 3페이지에 넣어야 한다.

상세 3페이지의 목표는 사진 또는 동영상으로 우리 집을 멋지게 표현하여 이를 본 사람들의 마음을 설레게 하는 일이다. 설렘에 잠을 설치고, 행복한 상상을 하고, 미래를 꿈꾸며, 삶에 에너지가 되도록 보여주어야 한다.

나는 어릴 때 이사 갈 집을 보고 와서 행복한 상상으로 잠 못 이룬 경험이 있다. 눈만 뜨면 그 집이 생각났고 눈 감아도 그 집이 생각났다. 그러니 잠을 잘 수가 없었다.

밝은 집을 표현하려면 쾌적한 분위기, 시야가 확장된 느낌을 주는 사진이 필요하다. 커다란 창문을 통해 들어온 햇살이 가득한 사진, 창문 가까운 테이블에 자연광이 만들어 내는 그림자 사진, 조명이 만들어 내는 아름다운 빛이 가득한 사진, 빛이 반사되어 공간에 가득한 느낌을 주는 사진, 밝은색 톤으로 인테리어 된 사진, 커튼을 통해 들어오는 자연광 사진 등이다.

넓은 집을 표현하기 위해 빛을 이용하거나 연한 색상을 이용하는 점은 밝은 집과 같다. 예를 들어서 커다란 창문을 통해서 들어온 햇살이 가득한 사진을 보면 넓음과 밝음의 이미지가 함께 느껴진다. 밝은 집은 넓게 느끼고 넓은 집은 밝게 느끼는 상관관계가 있다.

공간이 넓어 보이게 사진을 찍으려면 개방감과 연결감을 나타내도록 사진 찍는 기술이 조금 필요하다. 이를 위해 광각 렌즈를 사용하기도 하며 집에서 가장 넓은 공간을 찾아 표현한다. 아파트라면 거실에서 사진 찍는 위치를 이리저리 이동하면서 여러 번 테스트를 거쳐야 한다. 거실 입구에서 찍기보다는 주방 뒤쪽에서 거실을 바라보고 찍어본다. 조명을 밝히고 찍으면 더 넓게 보인다. 공간 규모에 따라 의자 위에서도 찍을 수 있고 자세를 낮추어 찍을 수도 있다. 거실만 찍기보다 거실과 안방까지 함께 보여도 좋다. 안방 방문을 열고 개방감 있게 거실과 함께 찍으면 방 따로 거실 따로 보여주는 방법보다 더 넓게 느껴진다. 실거주 집이라면 정리 정돈된 상태로 찍어야 한다. 3B 전략으로 인테리어 된 공간이라면 넓어 보이는 사진은 어렵지 않다.

아름다운 집을 표현하기 위한 사진은 전체 사진과 부분 사진이 겹쳐도 된다. 공간을 크게도 보고 작게도 보고 옆에서도 보면서 예쁜 곳은 자주 보여주어야 한다. 높고 낮음도 이용하고 디테일도 강조하여 감성 있게 표현해 보자.

상세 페이지 연습 1

이번 기회에 우리 아파트는 상세페이지를 어떻게 보여주고 있는지 찾아보았다. 상세 1페이지 중 등록된 매물 특징 몇 단어를 모아보면 초·중·고 인근, 남향, 선호하는 타입, 조용하고 깨끗, 뷰 좋음. 이 정도로 정리된다. 기본 정보로 구성된 내용이고 상세 2페이지 매물 설명란은 매물을 설명하기에 아쉬움이 있다. 우리는 이 부분을 풍부하게 채울 내용을 찾아야 한다. 이제부터 함께 찾아가 보자.

우리 동네는 학교가 많아 이리 가도 저리 가도 30km 제한속도 단속 카메라가 설치되어 있다. 단속대상이 될까봐 거북이 운전을 하다 보니 신호마다 걸린다. 하지만 우리 집은 시내를 관통하지 않고 우회전 세 번 만에 큰 도로로 연결되고 5분 안에 IC 세 군데가 연결된다. 우리 집의 대표 장점이다.

이것을 더 줄이면 '우회전 세 번 만에 큰 도로 진입이 된다. 학교 앞을 지나지 않아 30km 제한속도 걱정이 없으니 마음이 편하다.' 이렇게 표현을 바꾸어 가면서 연습을 한다.

상세페이지 예시

매물 특징에 올릴 더 짧은 문구는 '단속 카메라 없이 빠르게 큰 도로 진입되는 아파트'라고 정리된다.

매물 설명에는 알려주고 싶은 내용을 풍부하게 채워도 된다. 하지만 가독성은 중요하다.

- 우회전 세 번 만에 큰 도로에 빠르게 진입된다.
- 학교 앞을 지나지 않아 30km 제한속도 단속 카메라 걱정이 없으니 마음이 편하다.
- 5분 안에 IC 세 군데가 연결되어 사통팔달이다.
- 전철역 도보 10분 거리다.
- 확장된 A타입 4베이로 사용 면적이 넓다.
- 광역버스 정류장이 가깝다.

이렇게 작성된 매물 설명을 보내주면 부동산 사장님은 매물 설명란을 가득 채워 풍부한 공간을 만들고 사람들은 매물 설명을 보면서 당장 부동산에 전화를 걸게 될 것이다.

상세 페이지 연습 2

최근 알게 된 하 선생 집 장점을 다른 사람들은 어떻게 생각하는지 궁금하여 중개사무실을 찾아갔다. "사장님! 우리 아파트 중에서 어느 동이 가장 인기가 있나요?" 조망이 나오는 동은 ○○동이고 조용한 동은 △△동이라 많이 찾는다고 했다.

하 선생 집 701동은 동향이었는데 사람들이 많이 찾는 동은 남향이었다. 할 수 없이 하 선생 집에 대한 자랑을 내가 스스로 해야만 했다. "우리 집은 701동인데 창문을 열면 공기가 다르다. 코가 뻥 뚫리는 느낌이다"라고 말하니 사장님도 맞장구를 쳐주었다. 701동에 사는 다른 사람도 "숲속 야영장 텐트에서 바로 일어난 느낌"이라고 이야기를 했단다.

부동산 사장님은 또 다른 이야기도 해주었다. "701동은 사계절 달력이 보인다. 앞에 큰 산이 두 개나 있어 봄, 여름, 가을, 겨울을 바로 알 수 있다." 옆에 있던 다른 사장님도 한마디 거들었다. 701동은 잔디광장 앞이라 조용하고 공기가 맑다는 내용이다. 부동산 사장님이 생각하는 장점과 내가 생각하는 장점이 같았다.

요약하면 '우리 집에서 보이는 먼 산은 달력 없이도 계절을 알게 해준다. 701동에 살아본 사람들은 공기가 좋다고 말한다. 숲속 야영장 텐트에서 바로 일어난 상쾌한 기분을 집에서 느낀다'라고 정리가 된다. 한 번 더 짧게 정리를 하여 '초중고를 품은 대단지, 중랑천과 수락산의 상쾌함을 몽땅 받는 예쁜 집입니다'로 최종 문구를 만들었다.

여기서 나는 701동 30층 매물은 어떻게 광고를 하고 있는지 궁금했다. 매물 특징은 '가격 급매, 입주일 협의 조절 가능, 특 올수리 되어 아주 깨끗, 중랑천 수락산 전망 좋아요, 절충 가, 방 확장'으로 정리되어 있었다.

매물을 보는 사람들은 광고 문구를 보고 '이 가격에서 조정도 가능하구나. 얼마나 더 조정이 가능할까? 집 내부 사진은 없지만 확장이 되었고 깨끗하다니 왠지 마음이 편해지고 여유가 생기네. 지금 급매라고 하니 집을 한 번 보고 볼까? 나는 이 동네를 잘 모르는데 학교는 어디로 가지? 전철역은 어디를 이용하지? 걸어서 가능할까?'와 같은 궁금증을 가질 것이다.

상세 1페이지를 보고 원하는 조건에 맞거나 더 알아보고 싶은 호기심이 생기면 전화 또는 방문을 한다.

이러한 궁금증을 상세 2페이지에서 보여준다. 701동 매물을 올린 중개소는 매물을 어떻게 설명했는지 찾아보았다.

- 전철역 도보 3분 거리 위치
- 33평 매매
- 올 수리 완료, 내부 상태 최상, 입주 협의 가능

세 가지로 요약되어 있었다. 궁금했던 내용은 어느 정도 해결이 되었지만 집을 바로 계약하고 싶다는 생각이 들기에는 부족해 보인다. 하 선생 집 상세페이지를 작성하여 비교해보자.

상세 1페이지 매물 특징은 '초중고를 품은 대단지, 중랑천과 수락산의 상쾌함을 몽땅 받는 확장된 예쁜 집입니다'였다. 짧은 문장이다. 이번에는 상세 2페이지 매물 설명란을 좀 더 자세히 마음껏 정리해 보자.

- 창문 열면 숲속 야영장 텐트에서 바로 일어난 느낌이다.
- 701동은 잔디광장 앞이라 조용하고 공기가 맑다.
- 창문 열면 중랑천 물소리로 물멍하기 좋고 문 닫으면 고요하다.
- 사계절 달력이 보인다. 앞에 큰 산이 봄, 여름, 가을, 겨울을 알려준다.
- 확장되었고 예쁜 인테리어 첫 입주다.
- 2미터 이상 대형 식탁 설치 가능하다.
- 주방 식탁 거실이 하나로 연결되어 뷰가 시원하다.
- 현관 확장되었고 중문 설치되어 있다.
- 주차장도 넉넉하다.
- 초중고 품은 아파트

701동 30층 매물 특징과 설명 그리고 하 선생 집 특징과 설명을

하선생 집 상세페이지, 집의 장점을 잘 소개했다

비교하면 하 선생 집 상세페이지에서는 친절함이 묻어난다. 상세페이지 내용은 부동산 사장님에게 전달 예정이다. 전달받은 부동산 사장님은 이 내용을 기초로 설명할 것이다. 매물 의뢰인과 조력자는 함께 협력해야 한다. 매물 설명란을 사람들이 볼 수도 있고 안 볼 수도 있다. 누군가 매물 설명란을 보고 호기심이 생겨 집을 확인하고 딱 1명이 계약하길 희망한다.

하 선생은 집에 대한 장점을 정리하면서 에너지가 많이 올라왔다. 처음에는 직접 거주하고 있지 않으니 장점을 찾기에 망설여졌지만 이젠 집을 매매 안 할 이유를 찾고 있다. 가끔 농담으로 집에 대한 에너지가 몇 점이냐고 묻는다. 웃음 없던 얼굴에서 활짝 웃는 모습으로 집에 대해 이야기하니 보기 좋다.

상세 페이지 연습 3

이제 상세 3페이지 차례다. 3B전략을 표현한 하 선생 집 상세 3페이지를 열어보자.

하 선생 집은 구축이지만 잘 지어진 집이었다. 확장된 집이라 이미 넓었지만, 이번에 주방과 거실 사이를 가로막고 있던 수납장을 철거하니 주방 식탁 거실을 한눈에 담을 수 있었다. 최근 유행하는 대면형 주방은 비용이 많이 들어 할 수 없으나 냉장고와 식탁 위치를 맞바꾸어 하 선생 집은 2미터를 넘어 3미터 가까운 식탁 설치가 가능해졌다.

넓어지면 밝아진다. 우물천장에 커다란 몰딩도 힘들게 철거하니 심플해졌다. 천장에 조명 넣는 공간이 좁아 원하는 간접조명 위치와 방향을 잡지 못해 아쉬움이 있지만 밝음을 방해하지는 않았다. 욕실과 확장된 현관 싱크대 모두 간접조명 시공으로 예쁜 빛을 주었다.

거실 확장으로 생긴 날개벽과 창문 사이 1미터 조금 넘는 공간에 2명이 앉을 만한 의자를 놓았다. 없던 공간이 새롭게 탄생한 셈이다. 중랑천이 보이고 먼 산의 사계절을 집에서 감상하게 된다. 창문을 열면 상쾌한 바람을 맞으며 시원한 물소리로 물멍하고 문 닫으면 정말 고요하다. 창문 밀폐력이 아주 좋았다.

하 선생 집 상세페이지를 본다면 아마도 부동산 사장님들이 바빠질 것이다. 문의 전화도 많고 집을 보겠다는 사람도 있고 중요한 건 다른 부동산 사장님이 거래하기 전에 매수 예정자를 찾아 바빠질 것이다. 우리는 그런 부동산 사장님을 찾을 것이다.

우리 집 상세페이지는 기본 정보와 살아본 사람만이 알 수 있는 장점과 3B전략으로 표현된 상태를 보여주는 활동이다. 상세페이지는 나를 대신하여 우리 집을 설명하는 언어다. 상세페이지를 통해 영감을 주고 행복감을 상상할 수 있도록 배려한다면 우리가 원하는 공실은 빠르게 해결된다. 생각보다 힘이 세다.

21
더 밝고, 넓고,
아름답게 만드는 3B전략

생활필수품을 가장 많이 모아놓은 곳은 대형마트이고 부동산이라는 상품을 가장 많이 모아놓은 곳은 네이버부동산이다. 네이버부동산에 등록된 매물은 공인중개사무소를 통하여 거래가 완료된다.

임차로 집을 보러 오는 사람 마음을 생각해 보면 기대감도 있겠지만 불안함도 있다. 깨끗한 집인지, 구조는 만족스러운지, 집주인은 착한 사람인지, 아이들 학원은 가까운지, 이런 근심과 걱정이 꼬리에 꼬리를 문다.

걱정보다 기대감이 큰 경우도 있다. 20평대에서 30평대로 면적을 넓히는 경우, 방 3개에서 방 4개로 가는 경우, 또는 교통이 불편한 지역에서 교통이 편리한 지역으로 이사를 하는 경우, 가족들 가까운 쪽으로 이사를 하는 경우처럼 불편함이 해소되거나 지금보다 더 넓은 집으로 가는 경우라면 기대감과 호기심이 앞선다.

집을 보러 오는 사람은 부동산 사장님 설명을 듣고 그 내용이 맞는지 확인한다.

공실탈출을 위한 전략은 집을 보러 오는 사람들의 불안감을 해소시키고 기대감을 충족시키는 일이다. 집주인도 착해 보이고, 설계한 자금으로 충분한 가격이고, 인테리어가 잘된 집이라면 불안감은 해소된다. 조건에 맞는 집을 보면 불안감이 사라지고 만족감과 성취감이 생긴다. 계약조건이 자신에게 유리한 입장으로 작성되었다면 자부심도 추가된다.

우리 집을 본 사람에게 안정감도 주고 만족감, 성취감, 자부심까지 줄 수 있다면 공실탈출 전략은 성공이다. 그렇다고 사람들이 "안정감을 갖고 싶어요. 만족감을 갖고 싶어요." 이렇게 말하지는 않는다. 인테리어를 할 때 사람들이 깔끔했으면 좋겠다고 말하는 건, "밝았으면 좋겠어요. 넓었으면 좋겠어요. 깨끗했으면 좋겠어요"라는 의미다. 이를 만족시키는 전략이 3B전략이고 인테리어를 통하여 구현할 수 있다.

이제 프로젝트를 진행하는 기획자이자 영화감독 같은 마음으로 움직여 보자. 간단히 요약하면 아래와 같다.

- Bright : 더 밝고 마음까지 환해졌으면 좋겠다.
- Big : 더 넓었으면 좋겠다.
- Beautiful : 아름답다는 감탄사까지 나오면 더 좋겠다.

Bright

더 밝고 마음까지 환해졌으면 좋겠다고 말하는 이유는 사람들이 어두운 이미지를 싫어하기 때문이다. 어둠은 답답하고 무섭고 두려움과 같은 부정 이미지를 준다. 4살 어린이도 "어둠이 싫어요"라고 정확하게 말한다. 우리는 이 같은 부정 이미지를 제거해야 한다.

집을 어둡게 하는 요소는 많다. 준공된 지 오래된 집들은 어둡고 답답하고 침침하다는 공통점이 있다. 자동차는 생명과 직결되어 있으니 고장 나면 빠른 시간 내 수리를 한다. 그러나 집은 누수처럼 급하거나 중요하지 않으면 그대로 사용한다. 건물은 습기와 열과 충격으로 점점 낡아가고 속도는 다르지만 그 과정에서 집은 빛을 잃어간다. 조명도 빛을 잃고 마감재들도 먼지가 쌓이면서 빛이 사라진다. 특히 재건축이 다가올수록 집수리를 하지 않기 때문에 더 어둡다.

어두운 이유는 또 있다. 대부분의 집은 1실 1등이다. 주변 환경을 고려하지 않고 방 1개에 등 1개가 고정이다. 거실에 설치된 등은 84m^2는 3개, 59m^2는 2개가 거의 공식이다. 저층은 마당의 나무가 자라서 거실까지 올라와 어둡지만 등은 방마다 1개씩 사용한다. 다가구 또는 다세대 주택의 경우에는 더 심각하다. 서울시의 경우 법적 거리 제한이 3미터이다 보니 건물들이 다닥다닥 붙어 있고, 건물 그림자로 인해 집 안이 어두워 보인다.

어두운 집의 또 다른 원인은 대부분 높은 가구와 짐이 쌓여 있기

더 밝고 넓고 아름다워진 집

때문이다. 이들이 천장에서 내려오는 빛을 가린다. 조명은 소모품이지만 전기는 전문가 영역이라 접근하기 어렵다. 어떤 경우는 조명에 먼지가 쌓여 빛 효율이 낮아지기도 한다. 짙은 벽지와 마감재, 가구도 집을 더욱 어둡게 한다. 체리색 몰딩을 싫어하는 이유도 알고 보면 어둠을 유발하기 때문이다.

이런 조건에서 살았던 사람들이 원하는 집은 밝은 집이다. 우리는 그 마음을 이해해야 한다. 그들이 원하는 조건은 그저 지금보다 조금 더 밝았으면 좋겠다는 소박한 소망이다.

이런 기본 배경을 이해하면 좀 더 밝게 거주할 방법이 있다. 약간의 수고만으로도 좀 더 밝은 집이 가능하다. 조명기구 덮개는 가볍게 분리하여 안쪽과 바깥쪽을 물티슈로 닦아 주면 밝아진다. LED등으로 교체하면 다른 세상처럼 밝아진다. 직접 교체하기 어렵다면 조명회사에서 구입을 하고 전기기사를 요청하는 방법도 있다. 이 경우에는 AS도 가능하다. 더 많은 해결책은 3B 실천 편에서 다루고자 한다.

Big

'더 넓었으면 좋겠다'는 인간의 소박한 욕망이다. 간단히 비교하면 대부분 안방은 크고 나머지 방은 작다. 3B전략에서 말하는 넓다는, 같은 면적 아파트 59㎡라도 더 넓어 보이는 집이 있다는 의미다. 혹은 더 넓어 보이게 만들 수 있다는 뜻이다.

베란다를 확장하기도 하고 미니멀 라이프를 추구하는 것도 같은 의미다. 사람들이 원하는 '넓었으면 좋겠다'를 어떻게 보여줄 수 있을까? 여기서 '보이다'의 의미는 시각적 효과를 말한다. 시각은 감각이다. 시각이라는 감각으로 어떻게 '넓다'는 의미를 알게 되는지 세 명의 교수 의견을 종합해 보자.

건축가 유현준 교수는 '셜록홈즈' 채널을 통하여 "공간의 크기는 기억의 총합이다"고 했다. 어떤 공간에서 기억에 남는 것이 많을수록 더 크게 느낀다는 주장이다. 기억은 개수일 수도 있고 강도일 수도 있다. 직선보다 곡선을 선호하는 이유다. 그러면 어떨 때 기억으로 남는가?

뇌 과학자 박문호 교수는 '인문학 브런치' 등 여러 채널을 통하여 "기억은 감정이다"고 말하며 감정이 개입되면 기억으로 남을 가능성이 크다고 주장한다. 감정은 어떻게 생기는가? 보고 느끼는 감각을 통해서다.

성균관대 차인호 교수는 '차인호 교수의 건축조명설계사무소'에서 "본다는 것은 빛이고 색"이라고 했다. 우리 눈에 보이는 빛을 가시광선이라고 한다. 가시광선은 파장에 따라 색이 다르다. 가장 긴 파장의 가시광선은 빨간색에 가깝고 가장 짧은 파장은 보라색에 가깝다. 빨, 주, 노, 초, 파, 남, 보 무지개 색상이 연상된다.

우리 눈으로 가시광선을 감지하여 빛을 인식하고 시각 정보로 전달되어 색을 알게 된다. 여기서 '시각'이라는 단어를 기억하자. 세 교수의 주장을 정리하면 시각이라는 감각을 통하여 빛과 색을 느끼고 감정이 생긴다. 그중 특별한 감정은 기억이라는 공간에 저장된다. 공간에서 시각으로 느낀 감각 중에 기억에 많이 남을수록 공간이 크다고 느낀다. 곧 공간의 크기는 빛과 색을 포함한 시각과 감정 그리고 기억이 만들어 낸다. 내가 주장하는 3B전략이 단순한 꼬드김 전략이 아님을 나는 확신한다.

처음에는 느낌으로 사람들이 좋아하는 집을 만들었지만 권위와 실력을 갖춘 교수들의 이론을 통해서 정리가 되었다. 분양아파트 모델하우스에서 사용하는 전략이기도 하다.

내 방식으로 정리하면 집을 보러 온 사람이 색을 보고 빛을 보고 어떤 감정이 생기면 기억될 확률이 높아지고 기억의 숫자가 일정 부분 커진다면 공간의 크기가 크다고 느낀다고 정리했다. 이런 원리로 3B전략에서 빛과 색상은 중요하다. 넓다의 의미는 빛과 무관하지 않다. 감정을 일으키는 빛과 색상은 실전편에서 다루기로 한다.

이런 복잡한 이론이 아니어도 간단하게 넓게 보이는 방법이 있다. 갑자기 집을 확장할 수 없으나 살림살이를 정리하면 넓어 보인다. 바닥과 벽면에 빈 공간이 많을수록 넓다고 생각한다. 집을 심플하게 정리해 보자.

Beautiful

아름답다는 감탄사까지 나오면 더 좋겠다. 더 밝게 더 넓게를 잘 설계하면 집은 아름다워진다. 멋진 호텔과 예쁜 카페는 3B전략을 잘 설계한 종합편이라고 생각한다. 호텔처럼 카페처럼 인테리어를 따라 하면 자연스럽게 알게 된다. 예쁘다는 감정과 귀엽다는 감정도 아름다움에 모두 포함된다. 공실탈출 인테리어에 활용한 작은 인형을 보고 귀엽다는 감정이 생기고 빨간 꽃을 보고 예쁘다는 특별한 감정이 생기길 바라는 마음이다. 특별한 감정은 기억이 되고 기억의 합은 공간의 크기를 나타낸다고 한다. 꽃과 화분 장식을 보고 따뜻한 감정을 느끼고, 잘 설계된 조명을 보고 포근함 또는 아늑함 같은 긍정의 감정이 생기기를 바라는 마음도 있다.

'우리 집은 따뜻한 집입니다. 포근하고 아늑한 집입니다'처럼 집에서 느끼는 이미지 또는 분위기를 의도하고 소품이나 장식물을 설치하면 더 아름답게 표현할 수 있다. 분위기는 또 다른 언어다.

22

3B전략 실전편 1
더 밝아 보이게

조명을 활용하는 목적은 더 밝게, 더 넓게, 더 아름답게 보이기 위해서다. 3B전략에서는 빛을 레이어드 한다. 옷을 겹쳐 입으면 새로운 스타일이 탄생되듯이 빛도 겹쳐 보이게 할 수 있다. 약간의 호기심이 있다면 전기공사 없이 어느 정도는 셀프로 가능하고, 조명전문가가 아니어도 충분히 아름다운 빛을 만들어 낼 수 있다.

'빛을 레이어드 하자'고 말하는 이유는 공실탈출에 응용하기 좋기 때문이다. 나는 성균관대 차인호 교수의 저서《조명 디자인》으로 조명이론을 공부하면서 평·직·입이라는 전문용어를 재해석하였다.

아름다운 빛을 만들고 싶은 목적은 집을 보러오는 사람을 위해서다. 일상의 주거공간이 아니라 우리 집을 호텔이나 카페처럼 보여줄 수 있다. 조명기구 높이만 달리해도 집이 달라진다. 얼마든지 어렵지 않게 응용할 수 있다. 이를 5단계로 나누어 정리해 본다.

1단계 : 기본 전반 조명

방마다 1실 1등은 기본이다. 등이 천장에 착 달라붙어 집이 더 넓어 보이는 효과를 주기 때문에 평판조명을 추천한다. 얇아서 면처럼 보이기 때문에 면조명이라고도 한다. 일반 LED등은 천장과 등 사이에 공간이 있거나 두꺼우면 투박해 보이니 추천에서 제외한다. 평판조명의 모양은 사각형과 원형이 있으니 둘 중에서 선택 가능하다.

거실등도 알아보자. 거실 크기에 따라 다르게 추천하고 싶다. 긴 사각형 평판조명을 선택하여 $59\,m^2$이면 2개, $84\,m^2$이면 3개를 설치한다. 단순하면서도 충분한 밝기를 확보하기 위해 평판조명이 안성맞춤이고 스위치는 환경에 맞게 선택하면 된다. 아파트가 아닌 다세대나 주택은 거실 크기에 맞추어 2개는 부족하고 3개는 많다고 느낀다면 2개로 간격을 띄우면 3개의 효과를 80% 정도 낼 수 있다. 기본등은 주광색 또는 주백색으로 상황에 맞게 사용한다.

만약 어두운 1층이거나 앞집이 가려지는 다가구 밀집지역이라면 등 개수를 추가해야 한다. 혹시 10평대 소형주택이고 좀 더 비용을 추가할 수 있다면 장식 효과가 있는 가지등을 사용해도 좋다. 장식을 겸한 가지등은 나뭇가지처럼 가느다란 봉이 연결되어 있고 가지마다 LED램프를 끼우는 등이다. 전구색 램프와 주광색 램프를 교차로 사용하면 밝기와 아늑함을 모두 가져갈 수 있다. 천장에서 조금 내려와도 따뜻함이 주는 효과가 더 크므로 거실 면적에 따라 사용하면 좋다.

이번에는 주방으로 가보자. 주방의 주 기능은 요리이고 가족 건강을 책임지기 때문에 위생이 중요하다. 안전한 칼 사용을 위해 주방 공간은 더욱 밝아야 한다. 주방에도 평판조명을 주방 크기에 따라 설치한다. 욕실도 건강을 담당하는 곳이라 가능하면 밝은 색을 추천한다. 특히 양변기 쪽은 건강 체크가 용이한 장소이므로 밝아야 한다.

● 효과: 1단계에서는 LED로 교체하는 정도에서 기본 밝기를 주었다.

2단계 : 천장 매입으로 간접조명 설치하기

우선 간접조명을 설치해 보자. 거실과 복도에 매입조명이 설치되어 있다면 간단하게 교체할 수 있다. 확산형이거나 집중형을 선택하여 사용 목적에 따라 설치한다. 빛은 입자이자 파동이기에 벽 가까이 설치된 매입조명은 벽에 부딪치고 반사되는 빛이 있어야 서서 보았을 때 밝다고 느낄 수 있다. 바닥 말고 벽이 중요하다. 빛이 내려오는 각도와 벽에 따라 다르므로 현장을 고려한다.

매입조명을 할 수 없는 경우에도 대안으로 커튼박스를 이용하여 T5 또는 LED바를 설치한다. 이 방법은 길이에 맞게 여러 개를 이어 붙일 수 있고 사진처럼 아래쪽으로 흐르는 빛이 예쁘다. 스위치 추가가 어려운 경우 플러그 중간에 스위치가 달려 있는 제품이 있으므로

평판 조명과 가지등

커튼박스를 활용한 간접조명과 매입조명

주변 콘센트를 이용하자. 간접조명은 전구색이 따뜻하고 아늑한 느낌을 주며 셀프로도 가능하고 효과도 좋다.

- 효과: 지금까지 기본등을 LED로 교체하고 커튼박스와 매입조명으로 간접등을 설치했다. 집 가운데만 있던 빛이 벽 쪽에도 생겼다. 주백색 등과 전구색 빛이 섞이는 부분이 있다. 잠시 상상을 해보면 하얗기만 하던 빛에 저녁노을 같은 따뜻함을 담당하는 빛이 추가되었다. 현재 상태는 등의 높이는 같고 빛 위치만 다르다. 다만 커튼박스 간접조명은 샤워기 물처럼 빛이 아래로 쏟아진다. 물 폭포 대신 조명 폭포라고 상상하면 된다. 밤에 아파트 외부에서 불 켜진 집들을 보면 전구색으로 된 집은 거의 없다. 커튼박스의 조명도 보기 어렵다. 수십 억짜리 집에도 없는 인테리어를 우리 집에 언제든 사용할 수 있다.

3단계 : 주방과 욕실

주방과 욕실 차례다. 주방은 싱크대 상부 장에 설치하게 된다. 상부 장은 주로 접시를 올려놓는 위쪽에 설치된 장을 말하는데 수납장 아래쪽에 설치할 공간이 있다. 욕실도 슬라이드 장이 있다면 장 아래 T5 간접조명을 설치할 공간이 있다. 주방 전선 연결은 후드 위쪽에 콘센트를 이용한다. 욕실은 천장 기본등에서 연결하거나 방수 콘센트를 활용한다. 건전지를 이용하는 제품도 대안이 된다.

생활용으로 트레이닝복만 입으면 운동복으로 보인다. 흰색 티셔츠를 레이어드하면 좀 더 멋진 패션으로 보인다. 조명도 마찬가지다. 높낮이와 위치를 달리하고 색을 섞으면 '빛은 입자와 파동으로 이루어져 있다'는 양자물리학 개념을 생활에서 잘 느낄 수 있다. 빛이 알갱이로 보이는 지점이 있다.

170쪽 사진을 보면 공사를 하면서 주방과 욕실 수납장 높이를 약간 줄이고 공간을 확보하여 간접조명을 위아래로 넣었다. 공사를 하지 않은 경우라면 상부 장 아래쪽에만 가능하다.

아름다운 빛을 주고 싶은 마음이 공실탈출 핵심이고 빛은 선택에 도움을 주는 상세페이지 역할을 한다. 이들은 전기공사 없이 가능한 방법들이지만, 사실 귀찮고 불편하며 전기가 무섭기도 하다. 나도 그랬다. 하지만 현장에 진심이라면 불편함과 비용을 감내하게 된다. 따라하다 보면 진심이 생기고 내 노력이 빠른 계약으로 연결되면 실력이 된다.

● 효과 : 여기까지 정리를 하면 1단계로 가장 높은 곳에 기본조명을 하고 2단계 간접조명으로 따뜻함을 주었고 3단계로 좀 더 아래쪽에 간접조명을 넣었다. 1단계와 2단계에서는 가장 높은 곳에, 3단계에서는 중간 정도의 높이에 빛이 생겼다. 빛 레이어드가 시작된다. 여기까지만 해도 리듬감이 생기고 벽에 반사되는 빛의 아름다움도 느낄 수 있다. 이제 더 예쁨을 보여줄 4단계다.

4단계 : 식탁등

주방은 식탁등이 포인트다. 주방과 식탁 크기를 감안하여 조명 크기를 정한다. 넓은 주방은 작은 등 1개로는 원하는 빛을 만들 수 없다. 때문에 우리 집이거니 하고 시공을 해야 상세페이지 역할을 충분히 한다. 약간의 수고만으로도 예쁜 식탁등을 구입할 수 있다. 공실 탈출에서 권하는 식탁등은 빛이 아래쪽으로만 내려오기보다는 사방으로 빛이 새어 나올 수 있으면 좋겠다. 위는 막히고 아래쪽으로만 비추면 식탁은 위쪽이 반대로 어두워진다. 밝음을 주어야 하는데 어둠을 만들면 효과가 줄어든다.

기본조명만으로 빛은 충분한데 추가로 간접조명을 설치하려는 이유를 정리한다. 집을 보러온 사람들은 걸어 다니며 집을 구경한다. 시선이 가는 곳에 빛이 보여야 '밝다'라고 느낀다. 본다는 것은 색이고 빛이다. 방과 거실 천장에 기본 빛이 있고 커튼박스와 간접조명이 위치가 다르지만 같은 높이에 있다. 주방과 욕실은 중간 높이로 바닥에서 약 150cm 높이에서 빛이 띠를 이루며 따뜻한 빛을 주고 있다. 기본등만 있을 때보다 주방, 욕실, 커튼박스가 추가되었다.

방문을 다 열어놓고 모든 조명을 다 밝혀보면 아름다운 빛을 경험하게 된다. 한 걸음 뒤로 하여 현관에서 차분하게 바라보면 조명이 보여주는 강약 중간약의 리듬감도 느낄 수 있다. 아주 편안하고 호흡이 깊어지며 느려진다. 이제 빛을 입체감으로 느낄 수 있고 호텔 같

새로운 빛으로 재탄생한 주방과 욕실

식탁등으로 주방에 포인트를 준다

고 카페 같은 공간이 된다.

조명이 많으면 용도별로 선택한다. 하얗게 밝음이 필요할 때는 기본등을 사용하지만 저녁에는 기본등을 줄이고 간접조명 숫자를 늘린다. 기본등이 주광색이라면 24시간 대낮 같은 환경이 된다. 일몰시간 이후 전구 색으로 집안 전체 분위기를 바꾸면 휴식에 도움이 된다.

- 효과 : 4단계를 완성함으로써 높이가 다른 조명이 하나 더 추가되었다. 천장 높은 곳에서 아래쪽으로 내려오면 1단계 기본등과 2단계 커튼박스라인 간접조명, 3단계 주방과 욕실 간접조명라인, 4단계 식탁등이 차례로 내려오면서 바닥과 벽을 밝히고 있다. 1단계~4단계까지 모두 사용해도 되고 2단계~4단계까지 선택해도 된다. 이제 빛이 화려해졌다. 이 빛은 불꽃놀이 빛과는 다른 아름다움이다. 사람들은 연신 감탄한다. 빛은 밝음을 담당하기도 하지만 넓음과 예쁨을 모두 담당하는 대장인 셈이다.

5단계 : 고급스러움 완성

따뜻함을 극도로 올려주는 아이템으로 장식 조명을 사용해 보자. 플로어 스탠드, 가장 낮은 위치를 담당하는 소형 등을 화분이나 쿠션, 인형과 함께 장식하면 예쁜 집을 선보일 수 있다. 아파트 모델하우스에서 배워보자. 분양하는 아파트 상세페이지가 모델하우스다.

모델하우스에서는 조금이라도 더 넓게 보이기 위해 가구 사이즈를 줄여 자체 제작한다. 분양자들을 위해 가장 예쁜 모습으로 꾸며놓은 모델하우스를 우리 집 공실탈출을 위해 응용해 보자. 강조하고 싶은 공간을 포인트로 하고 화분과 그림액자, 조화, 플로어스탠드 등을 배치하여 충분히 밝고 넓고 아름다운 집을 연출할 수 있다.

모델하우스처럼 꾸민 우리집

23

3B전략 실전편 2
더 넓어 보이게

우선 좁아 보이게 만드는 요인을 살펴보자. 천장에 있는 장식을 위한 우물천장몰딩, 짙은 색상 몰딩과 방문 색상, 건조기 문화로 사용 빈도가 낮은 베란다 천장 빨래건조대, 주방에 부착된 식기건조대, 불투명유리, 포인트 벽지, 방한용 비닐은 집을 좁아 보이게 한다. 좁아 보이게 하는 원인을 제거할 방법을 알아보자.

넓음의 기본은 정리정돈이다. 정리하다 보면 더 넓게 쓰고 싶은 마음이 시작되고 예전에는 필요했지만 지금은 사용 빈도가 낮거나 오래되어 녹슨 철재들은 떼어버리게 된다. 베란다 천장 빨래건조대는 철거할 수 없다면 줄을 당겨서 천장에 바짝 붙이고 늘어진 줄을 정리하면 단정해진다.

식기건조대도 넓음을 방해한다. 방한용 비닐은 겨울에만 사용하길 권한다. 불투명유리도 제거대상이다. 집을 한 바퀴 돌면서 눈에 거슬

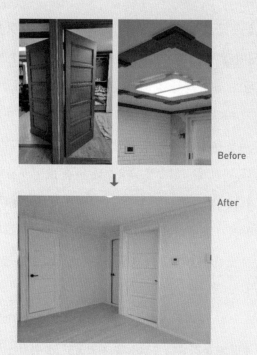

Before

After

천장 몰딩 제거와 방문 색상 변경으로 넓고 밝은 집이 되었다

더 넓어보이게 바뀌었다

리는 부분은 부정의 감정이 생기지 않도록 제거하는 것이 좋다. 우물 천장몰딩이 장식용으로 설치되었다면 목공 없이 철거만으로 평편한 천장이 된다. 짙은 색 몰딩과 방문은 셀프 페인트로 가능하다.

집 전체 배경이 되는 기본 색상은 40평대 이하라면 진한 색보다는 밝은 색을 추천한다. 벽지, 페인트, 싱크대, 타일 색상을 통일시키면 좋겠다. 마감재는 평수가 넓을수록 반광 또는 무광도 좋지만 10평대이거나 너무 오래된 집은 조금 다르게 보아야 한다. 집 자체가 에너지가 없어 보인다면 무광제품보다는 번쩍이는 유광제품이 에너지 있어 보인다. 싱크대 하부장이라면 에너지 있어 보이는 컬러도 추천한다.

거실과 주방 식탁 시선이 연결되어야 넓은 집이 된다. 위 사진은 거실과 주방을 분리했던 수납장을 제거하고 그 위치에 식탁 놓을 공간을 만들어 시선을 확보했다.

서비스 면적인 베란다를 활용하면 사용면적이 넓어진다. 베란다 확장을 하는 이유도 사용면적을 늘리려는 방법이다. 비용은 줄이고 사용면적을 넓게 하는 방법에는 폴딩도어도 나쁘지 않다. 여름에는 열고 겨울에는 닫아 사용하면 난방비용이 많이 절약된다. 커튼을 베란다 쪽에 설치해도 공간은 넓어 보인다.

23

3B전략 실전편 3
더 예뻐 보이게

조명과 더불어 소품은 공실탈출 프로젝트를 완성하는 1등 공신이다. 소품은 내가 없어도 나를 대신하여 우리 집을 설명하는 역할을 한다. 사진을 찍어 상세페이지를 시각으로 보여주면 집을 보러 온 사람에게 말을 건넨다. 집이라는 공간이 스토리를 입는다.

"우리 집은 답답하지 않아요. 굉장히 넓어 보이거든요."

"우리 집은 어두움 대신 빛을 심었답니다."

"우리 집은 호텔처럼 카페처럼 아름다워요."

집을 보러 오면 현관에서 시작하여 가장 가까운 곳부터 둘러보게 된다. 부동산 사장님 이야기를 들으면서 돌아보아도 3분에서 5분 정도면 다 본다. 짧은 시간에 시선이 머무는 곳을 많이 만들려면 소품이 필요하다. 우리 집에 좋은 감정이 생기도록 장소에 맞게 소품을 활용해 보자.

크기가 너무 작으면 눈에 띄지 않을 수 있으니 주변과 어울리는 크기로 해야 한다. 눈높이보다 살짝 높은 곳에는 가벼운 액자나 그림을 걸고 사람의 가슴과 눈높이 정도라면 알맞은 소품을 배치한다. 무릎 아래쪽이라면 큰 화분이나 부피가 큰 의자도 안정감이 있으니 사용해 볼 만하다. 소품 배치도 높이에 따라 3층 구조로 설계한다.

가장 큰 면적을 차지하는 소품은 거실 커튼이다. 무거운 느낌보다는 가벼운 레이스 커튼이나 시폰 커튼으로 바람에 날리는 영화 한 장면처럼 보이는 커튼을 추천한다. 레이스 커튼은 신혼부부를 포함하여 남녀노소 누구든 좋아한다.

액자나 그림은 벽면이나 바닥에 세워둔다. 그림이 보이면 시선이 머물기 마련이고 사람들은 아름다움과 즐거움을 느낄 수 있다. 아름다운 풍경 그림을 통해 여행지에서 느끼는 감정을 느낄 수 있고, 아기들이 웃는 그림이나 동물 사진에서는 평화로운 감정을 느낄 수 있다. 밝은 색상 그림이라면 생동감을 받을 수 있다. 홀수로 배치하면 주변과 잘 어울린다.

욕실 초록색 식물은 싱그러운 느낌으로 식물원 같은 쾌적함과 청결함을 동시에 제공한다. 초록색 농도는 너무 진한 색보다는 새싹 같은 연두색에 가까운 초록이 돋보인다. 조화로 된 빨간색도 보기 좋다.

바닥에 깔아놓은 러그는 따뜻함과 포근한 느낌으로 고급 이미지를 담당한다. 소파와 의자를 함께 이용해도 좋다. 다만 소파는 혼자

조명과 소품으로 예쁘고 아름답게

현관에 들어서면 보이는 광경

다양한 감정이 들게 하는 소품들

이동하기에 부피가 크고 무겁기 때문에 여러 사람 협력이 필요하니 가볍게 이동 가능한 제품을 추천한다.

요약하면, 소품을 이용하는 이유는 집이라는 공간에 스토리를 입히기 위해서다. 예쁜 장면을 보고 느끼는 감정, 아름답다고 느끼는 감정은 집을 보러 오는 사람의 불안감을 없애고 기대감을 올려 '계약'이라는 결정을 도와준다.

3B전략을 눈으로 보여주어야 한다. 깨끗하게 청소가 완료된 집에 하늘거리는 레이스 커튼과 그림이 있다면 그 순간만큼은 밀린 빨래, 청소기 돌아가는 소리 같은 일상의 느낌은 배제된다. 내가 본 집이 마치 영화 속 한 장면이나 인테리어 잡지에서 본 사진처럼 보인다면 이미 마음속에는 주인공이 되어 행복을 상상하게 된다. 개성과 가치관에 맞는 스토리로 해석을 하여 가격에 약간의 무리가 된다 해도 계약이라는 결정을 이끌어낼 만큼 소품 효과는 강력하다.

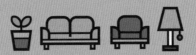

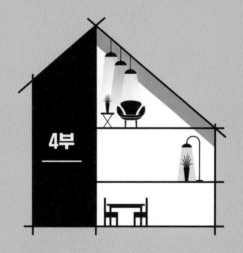

4부

공실탈출 인테리어

25

비용을 줄여주는
셀프도 가능한 인테리어

부동산에서 인테리어보다 중요한 포인트는 타이밍이다. 매매, 전세, 월세 등 모두 내가 원하는 목표를 정하고 포지셔닝을 하지만, 부동산시장이 급하게 변할 때는 포지셔닝도 빠르게 변한다. 매매가 안될 경우 전세 또는 월세로 변경할 수도 있고 가격에 변화를 줄 수도 있다.

포지셔닝 변화는 어떤 한 가지 요소로 결정되지 않으므로 투자를 하든 실거주를 하든 큰돈이 들어가는 만큼 면밀하게 관찰해야 한다. 부동산 가격은 다양한 요소들이 복합으로 작용하기 때문이다. 아마도 우리가 조절이 가능한 부분은 인테리어 정도다.

간단한 집수리와 전체 인테리어 사이에서 결정이 어려울 때도 있다. 뭔가 해보고 싶어도 경험이 없다면 시작조차 못한다. 하지만 생각을 다시 하자. 하이앤드 급 완벽한 인테리어는 부러움의 대상이지만 비용이 문제다. 우리 목표는 공실탈출이라는 사실에 집중해야 한다.

인테리어 대부분은 인건비로 구성된다. 최근에 소수 아파트에서 작업시간을 오후 5시에서 오후 4시까지로 줄였다. 4시 이후에는 소리가 나는 작업을 규제한다. 작업시간을 줄이면 2시간짜리 공사를 1시간에 할 수는 없으니 다음날로 넘어간다. 1시간을 일해도 1일 근무로 계산한다.

이런 이유로 인건비가 차지하는 비중이 더 높아지고 있다. 완벽하지는 않지만 간단하게 또는 셀프로 하는 방법을 터득한다면 인테리어가 어렵지 않을 수 있다. 셀프로도 가능하다. 이 책에서 소개하는 공실탈출 인테리어를 통해 현장 문제가 해결되기를 바란다. 비용을 줄이는 방법들도 배워가기 바란다.

26

—

욕실

현재 시공된 타일 상태가 나쁘지 않다면, 욕조와 변기, 세면기 수납장 중에서 교체할 부분을 확인한다. 교체가 꼭 필요한 부분만 의뢰하면 비용이 많이 절감된다. 욕실 전체수리 비용이 300만 원~350만 원이라면 부분수리는 50만 원~150만 원 정도로 가능하다.

벽에 부착된 조명은 천장으로 올리고 다운라이트 조명을 2개 정도 설치하면 좀 더 밝아진다. 양변기 아래쪽에는 백시멘트 마감이 탈락하거나 곰팡이가 자주 생긴다. 이 부분을 청소하고 말린 다음에 실리콘 또는 백시멘트로 매끈하게 정리하면 새하얗게 깨끗해진다. 구축 욕실에는 의외로 틈새가 많지만 실리콘으로 틈새막음이 가능하다.

전체수리 또는 부분수리로 정리된 욕실이라면 집을 구경온 사람들이 먼저 선택할 확률이 높다. 그들은 여러 곳을 비교하고 있기 때문이다. 우중충하고 습기 가득하며 슬리퍼가 질퍽거리는 집을 보고 왔다면 더더욱 우리 집에 대한 만족도가 높아지고 계약 확률도 대폭 올라간다.

사례 1: 티 나게 예쁜 콘셉트

타일에 대한 경험이나 기본 정보가 없을 때 타일을 고르라고 하면 많이 망설여진다. 타일 전시장에 진열된 타일 중에서 무엇을 선택할지 고민하는 이유는 실패하고 싶지 않아서이다. 그래서 "다른 사람들은 어떤 타일을 사용하나요?" 또는 "요즘 유행하는 타일 색상은 무엇인가요?"라고 질문한다. 이 경우 대부분 무난한 그레이 색상 범위 타일을 추천받고 선택하기 마련이다. 혹은 인테리어 사장님을 만나서 사람들이 가장 많이 사용하는 타일을 물어보는 경우에도 그레이 색상이 빠지지 않는다.

이런 이유로 대부분 그레이 색상 욕실이 많다. 그레이 색상을 많이 사용하는 이유는 예쁘기도 하지만 '때가 덜 타는 색상'이기 때문이다. 이 말을 들으면 나도 마음이 편해진다. 욕실은 '지저분한 곳'이라는 기본을 전제로 하니 청소를 못해도 덜 지저분해 보인다는 이유에서 그레이 색상이 주류를 이룬다.

욕실은 지저분한 곳이 맞다. 사람 몸에서 나온 단백질과 지방의 유기물이 세제와 함께 욕실 배수구를 통해 집 밖으로 나가게 되어 있다. 남는 유기물은 습기와 온도와 함께 반응한다. 처음에는 보이지 않으나 오래 머물수록 자리를 잡으며 곰팡이가 된다. 이 검은색을 보고 싶지 않아서 그레이 색을 사용하는 경우가 많다.

하지만 눈에 보이지 않는다고 없지는 않다. 물론 그레이 색상을 특별히 좋아하는 사람도 있겠지만 여기도 저기도 그레이라면 감동이 적다. 공실탈출이 목적이라면 좀 더 티 나게 예쁜 욕실을 만들어 보자.

사례 2: 유리 칸막이로 뽀송뽀송한 콘셉트

욕조를 철거하고 유리로 된 칸막이를 넣어 좀 더 뽀송뽀송한 욕실을 사용할 수 있다. 욕실은 물을 사용하는 장소이니 샤워기에서 흘러나오는 물들이 공중에서 흩어진다. 흩어진 물방울은 자유롭게 멀리멀리 날아간다. 물방울을 다시 모아 물 빠짐 장소로 보내려면 여간 번거로운 일이 아니다.

손놀림을 줄이는 편리함을 위하여 유리 칸막이를 사용한다. 양변기와 세면기에 물이 닿지 않으니 청소가 용이하다. 이 집은 20년이 넘은 구축이어서 욕실이 수리가 안 된 집이 더 많다. 뽀송한 욕실을 제공할 수 있다면 집을 구경하러 오는 사람 입장에서 만족도는 상승한다.

티 나게 예쁘게

뽀송뽀송하게

사례 3: 수납장 설치로 편리한 콘셉트

욕실이 너무 좁아 욕실 장을 시공할 공간이 없는 집이다. 왼쪽에 보이는 대로 창문을 그대로 두고 새 단장을 했다면 어땠을까? 수납 공간이 없어 여전히 불편하다. 창문의 역할은 환기와 채광이다. 이 현장은 환기는 환풍기를 사용하고 채광은 밝은 조명으로 대체했다. 그곳에 수납장을 설치하니 욕실용품 보관 장소가 생겼다.

여기 욕실은 세탁겸용 욕실이기에 세탁기 보호가 필요했다. 유리 칸막이를 시공하여 샤워기 물이 넘어 오지 않도록 공간을 분리하고 높이를 살짝 높였다. 욕실 공간을 건식과 습식으로 분리했고, 슬리퍼는 욕실 문 앞이 아니라 습식 공간에서 사용하게 했다. 사용상 편리함을 주려고 생각의 시간을 많이 가졌던 공간이다.

사례 4: 비용이 줄어도 예쁜 콘셉트

욕실 타일이 튼튼하게 잘 부착되어 있고 색상이 나쁘지 않다면 타일은 건드리지 않는다. 양변기와 세면기를 신제품으로 교체하고 수납장도 바꾼다. 조명은 천장매입으로 올렸다. 여기서 문제는 벽에 있던 조명이 위로 가면서 이동하는 선이 시야에 보인다는 점이다. 전선이 눈에 보이면 마음이 편치 않다. 이때 공 덮개로 막으면 덜 보인다. 양변기와 세면기 교체, 천장매입 조명 등만 부분 수리해도 타일을 교

Before   After

Before   After

체하는 인건비와 타일비용만큼 절감되면서 단정한 욕실이 된다. 소액으로 욕실 품격이 올라가는 시공 사례이다.

사례 5: 페인트로 하는 간단한 콘셉트

이 집은 비록 34년 전에 지어졌지만 타일만큼은 튼튼했다. 오랜 세월을 견딘 타일이 대단하다는 생각이다. 비용을 크게 사용할 수 없는 상황이어서 최소 비용으로 작업하기 위해 욕실 페인트칠 작업을 시도했다. 이때는 페인트 종류를 잘 선택해야 한다. 먼저 욕실을 깨끗하게 청소한 후 바닥까지 페인트로 시공했고 2년이 지났지만 처음 같은 상태를 유지하고 있다.

사례 6: 최소 비용으로 단정한 콘셉트

아주 작은 부분만 바꾸어도 인상이 달라진다. 이 집은 욕실 상태가 나쁘지는 않으나 마음에 들지 않았다. 먼저 어울리지 않는 양변기 뚜껑을 신제품으로 교체했다. 뚜껑 사이즈는 대 중 소가 있으니 기존 사이즈를 알아야 한다.

거울은 가장자리가 검게 변색되었지만 거울 전체 교체작업을 하려면 비용이 든다. 목재상에서 몰딩을 구입하고 인테리어 필름으로 감싸 검게 변색된 곳을 가려주는 방법을 착안했다. 붙이는 작업은 글

Before   After

Before   After

루건과 실리콘을 사용했다. 접착 역할을 하는 글루건과 실리콘은 서로 다른 특성이 있다. 글루건은 빠르게 고정이 되지만 약하고 실리콘은 접착제 역할을 하기까지 시간이 걸리지만 튼튼하게 고정한다. 이 두 가지 성질을 이용해 접착하고 물이 들어가지 않게 가장자리도 실리콘으로 막아준다.

　욕실용품을 넣는 수납장도 번쩍임이 마음에 들지 않아 인테리어 필름으로 마감했다. 오래된 욕실이지만 3만 원 정도로 단정해지니 마음이 편안하다.

27
—
주방

사례 1: 비용을 최소화하는 방법

인테리어 비용은 늘 부족하다. 그럼에도 불구하고 최선을 찾으려고 노력해야 한다. 싱크대 교체에서 가장 큰 비용은 상판 인조대리석이다. 비용을 아끼려면 인조대리석 상판을 그대로 사용하는 편이 좋다. 오븐과 식기세척기를 빼고 그 부분만 교체할 수 있다. 교체한 부분과 하지 않은 부분의 색상을 맞출 수 없기 때문에 필름지로 작업해야 한다.

필름 작업하는 시공자를 부르면 비용 절감 효과가 크지 않으니 손재주가 약간 있다면 직접 셀프 시공을 해보아도 좋다. 만약에 시공자에게 의뢰했다면 작업과정을 지켜보면서 배우는 방법도 있다.《세이노의 가르침》에서 저자 세이노는 우리에게 '다중의 전공'이 필요하다고 했고 기술을 한 번 배우면 앞으로 몇십 년은 사용할 수 있다고 도 말한다.

집은 나 자신이다. 나의 가치와 교환한 돈이 들어가 있기 때문이 다. 사람들은 미용실도 가고 새 옷도 사 입는다. 집을 우리 자신처럼 예쁘게 꾸미는 일도 의미 있다.

재개발이 예정된 빌라 현장이다. 2008년 지어졌는데 주차장도 있 고 깔끔하게 잘 관리된 빌라였다. 하지만 관리가 잘된 외부에 비해 집안은 깔끔하지 않았다. 이런 경우 임대를 위해 부동산 사장님이 손 님과 함께 집을 보러 오는 과정을 상상해 보자. 주차장도 있고 가격 도 적당하여 기대감을 갖고 들어왔는데 집 내부가 외부 이미지보다 현저히 떨어진다면 임차를 결정하기에 망설여진다.

외부와 내부가 모두 만족스럽다면 임차를 결정하는 데 도움이 된 다. 나는 이 집을 누리끼리한 색상보다는 좀 더 산뜻한 색상으로 교 체하고 싶었다. 낡은 집일수록 진한 색상은 생동감이 느껴진다.

나는 처음 인테리어 필름시공을 친구에게 배웠다. 그 뒤 인테리어 를 하면서 필름시공 기술 필요성을 느껴 학원에서 단기로 배우고 나 니 퀄리티가 훨씬 좋아졌다. 혹시 필름작업을 해보고 싶은데 잘못할 까 봐 걱정되는가? 답은 정해져 있다. 다 뜯고 다시 하면 된다. 내 실 수를 삭제하고 멋지게 재시공할 수 있으니 다행이다.

사례 2: 크리스마스 콘셉트

이 현장(199쪽 사진 참조)은 재개발지역 빌라이다. 재개발을 위한 절차가 진행되고 있지만 이주까지는 아직 수 년이 걸린다. 집을 공실로 유지하기에는 많은 비용이 들어간다. 임대가 목적이지만 동네 분위기가 우중충하고 도로도 울퉁불퉁 바닥이 패인 곳이 많았다. 외부조건을 감안하면 전세를 계약하게 될 사람에게 좋은 집을 만들어 주고 싶은 마음이었다.

우중충한 검은 색 주방 타일을 흰색으로 교체하고 나니 싱크대가 누렇게 보였다. 이번에도 인테리어 필름지를 이용하여 색상을 교체했다. 색상 결정은 마침 크리스마스 시즌이라 초록색을 선택했다. 진한 초록색이지만 사람들이 즐겨 찾는 '스타벅스'를 연상하게 하는 색상이어서 어색하지 않았다. 소품까지 준비해 공사 중에 관심을 보이던 부동산 사장님께 사진을 전송하니 인기 폭발이었다. 이 집은 전세 가격이 동네 시세보다 높았지만 빠르게 계약되었다.

사례 3: 인스타 감성 콘셉트

이 집은 97년식 26평 2베이 구조 아파트다. 주방이 좀 작았지만 싱크대를 키우고 냉장고를 거실 쪽으로 이동하면 반쪽짜리 거실이 되는 상황이었다. 냉장고를 어디에 두어도 불편한 상태라 그대로 두

기로 했다. 싱크대 기능 중 요리 재료를 손질하거나 도마를 사용하는 일은 식탁에서 사용이 가능하다. 싱크대가 좁더라도 덩치 큰 냉장고 크기를 느끼지 않게 하면 좋다.

여기서 포인트는 작은 주방을 좀 더 넓게 보이게끔 주방 타일을 기둥까지 연결한 것이다. 인건비가 추가되지 않는 선에서 타일재료 비용만 조금 더 추가하면 된다. 목공은 몰딩 대신 간접조명을 넣는 구조로 시공했다.

사진을 보면 카페 같은 조명이 흘러가는 선을 확인할 수 있다. ㄷ자 모양으로 식탁을 배치할 예정이라 식탁등 위치를 새로 잡아주었다.

집을 계약함에 있어서 결정을 내리는 사람은 대부분 여성이다. 인스타그램에 올려 자랑할 만한 주방이라면 결정에 큰 역할을 할 것이다.

BeforeAfter

사례 1_비용을 최소화하는 방법

Before After

사례 2_크리스마스 콘셉트

Before After

사례 3_인스타 감성 콘셉트

28

냉장고 위치 변경

사례 1: 주방 식탁 거실로 통하는 콘셉트

이 시공 현장(202쪽 사진 참조)에서는 거실과 식탁, 주방을 하나로 연결하여 LDK 구조를 만들었다. LDK 구조란 Living room, Dining room, Kitchen 앞 글자를 따서 나온 말이다. 원래는 사진에서 보이는 식탁 자리에 냉장고가 있었다. 하지만 덩치 큰 냉장고를 거실에서 보면 답답하다. 사람도 보이지 않는다. 식탁 자리와 냉장고 자리를 바꾸었더니 뻥 뚫린 바람 길과 시선 길이 생겼다. 이제 주방에서 일하는 사람과 거실에서 활동하는 가족이 좀 더 가까운 곳에서 대화가 가능해진다. 공실탈출 인테리어 3B전략에서 말한 '밝고, 넓게'가 동시에 가능하게 된 사례이다.

사례 2: 걸림돌에서 자기 자리 찾아가는 콘셉트

주방 인테리어에서 냉장고 위치 변경은 늘 고민이다. 집에 들어오면 바로 보이는 장면이 커다란 양문형 냉장고였다. 시공 전 사진에서 사다리 위치에 있었고 답답함 그 자체였다. 주방에서 다른 공간으로 이동할 때도 동선에 방해가 되었다. 냉장고를 싱크대로 이동하면 조리공간이 줄어들지만 식탁을 조리대로 이용할 수 있어 요리에는 문제가 없었다. 덩치 큰 냉장고를 이동하면서 거실과 주방 사이에 공간이 확보되었다. 한 사람은 거실 소파에서 TV를 보고 한 사람은 식탁에서 요리하면서 서로 대화가 가능해졌다.

사례 3: 냉장고와 식탁 자리바꿈 콘셉트

싱크대 옆에 냉장고가 있으면 보기 좋다. 잘 짜인 디자인으로 보인다. 하지만 출입하는 현관 옆이라면 답답하다. 이 문제를 해결하기 위해 최근 유행하는 디자인으로 인테리어를 하면 34평에 1억 넘는 비용을 감당해야 한다. 물론 선택은 어디까지나 개인 취향이다. 그러나 임대를 위한 아파트에서는 시도하기 어렵다. 이 현장에서는 최소 비용으로 답답함을 해결하는 방법으로 냉장고장을 떼어버리고 결정했다. 시공 후, 거실에서 바라본 주방 사진을 보면 뻥 뚫려서 시야가 시원하게 확보된다. 현관에서 들어왔을 때 갑갑해 보이던 벽이 사라졌다.

사례 1_거실과 주방을 연결하니 뻥 뚫린 느낌을 준다

Before

After

사례 2_걸림돌에서 자기자리 찾아가는 콘셉트

Before

After

사례 3_냉장고와 식탁 자리바꿈 콘셉트

29

원룸을 1.5룸으로 만들기

원룸에 가벽을 만들어 침실을 만들어주었다. 원룸이지만 조용하고 아늑한 공간은 삶의 만족도를 올려주었다.

최근에는 원룸 크기가 4평에서 7평 내외다. 이전에 지어진 원룸은 10평이 넘는 곳들이 있다. 이곳도 그중 하나다. 전철역 3분 거리에 위치한 곳으로 임대가 잘 되는 지역이었다. 10평대가 넘으니 혼자 생활하기에 좁지는 않았지만 아늑한 면은 없었다. 인테리어 공사를 하면서 가벽을 설치하여 인기가 높은 공간이 되었다.

Before

After

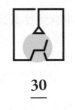

30

조망을 살린 집

사례 1: 생동감 넘치는 바다를 살린 콘셉트

생동감이 느껴지는 바다가 내 집 거실에서 눈앞에 보인다면 얼마나 좋을까? 이 현장은 파도가 치고, 배가 다니고, 대교가 눈앞에 펼쳐지는 현장이었다. 파란 하늘과 푸른 바다 사이에 고깃배가 왔다 갔다 하고 밤에는 야경이 예쁨을 연출했다.

나는 이 현장을 시공할 때 구축 소형아파트이지만 바다 조망을 온전히 볼 수 있도록 최대한 통창으로 인테리어를 시공했다. 종일 바다를 보아도 지루함이 없는 멋진 조망이 확보된 시공 사례이다.

사례 2: 북한산 조망을 살린 콘셉트

이곳은 북한산 조망이 가능한 빌라 3층이다. 창문을 가리고 있던 방한용 비닐을 제거하니 아름다운 북한산이 한 눈에 들어왔다. 한여름 장대비와 한겨울 함박눈은 상상만 해도 좋다. 눈부시게 파란 하늘도 아름다운 곳이다. 이곳을 본 임차인은 북한산 조망을 보고 너무 멋지다며 계약했다. 아름다운 조망은 자산의 일부이다.

거실에서 바라본 바닷가 풍경

북한산이 보이는 풍경

31
빛이 주는 즐거움

사례 1: 자연광을 살린 콘셉트

가장 아름다운 빛은 자연광이다. 햇빛이 만들어내는 빛은 그림자와 어우러져서 더욱 멋지다. 새시 작업을 위해 창을 철거하니 햇볕이 집안으로 들어왔다. 나는 빛과 그림자가 어울리는 모습이 신기하여 한없이 바라보았다. 그 멋진 장면을 집 구경 오는 사람들에게도 보여주고 싶었다. 커튼으로 장식을 하고 사진을 찍어 부동산 사장님을 통해 광고했다. 자연광이 빚어낸 리듬감 샘플이다. 이런 리듬감은 기억하고 현실에서 구현하고 싶다.

사례 2: 카페에서 배우는 빛 리듬감

적절하게 설계된 밝음과 어둠은 아름다움으로 표현된다. 210쪽 사진은 용산에 위치한 카페이다. 오래 들어도 질리지 않는 노래가 빛에서 느껴진다. 사람들이 줄 서서 기다리는 이유가 빵 맛 때문만은 아니다. 분위기도 한몫한다. 쩅하고 밝은 편의점 조명과는 대조된다. 리듬감이 보이는 조명을 기억하고 우리 집에 응용해 보자.

사례 3: 빛을 테스트하며 배우는 빛 리듬감

빛에 관심을 보이는 사람들과 테스트를 해보았다. 단독으로 조명을 사용해 보기도 하고 여러 개 조명을 비추어 섞어보기도 한다. 리듬감이 없는 상태와 리듬감을 만들어 내는 상태 비교가 가능하다. 사진으로는 강해 보이지만 실제로 눈부심은 없다.

빛에 대한 감각을 익히는 작업은 충분히 의미가 있고 오래 기억에 남는다. 주거공간에서도 빛 감각을 테스트하라고 가끔 권한다. 설치하기 전에 위치와 높이를 정하고 빛을 테스트해보면서 공간에 맞는 빛을 찾아가게 된다.

Before　　　　　　　　　　　　After

사례 1_자연광을 살린 콘셉트

사례 2_용산에 위치한 어느 카페

사례 3_여러 가지 빛을 테스트해 본다

32

베란다 활용편

사례 1: 베란다를 작은 거실로 활용하는 콘셉트

이 집(213쪽 사진 참조)이 저층이었고 주방이 마름모꼴이어서 식탁
놓을 곳을 정하기 곤란했다. 평면도를 보아도 네모 모양이 아니라 동
선이 길어 보이는 집이다. 게다가 옛날식 화단이 덩그러니 놓여 있어
골칫거리였다.

화단을 철거하고 타일 작업을 새로 하거나 목공 작업을 하려고 알
아보니 50만 원~70만 원 정도 들었다. 화단 위를 덮는 방식으로 욕
실에서 사용하는 나무 종류 발판을 활용했다. 비용은 대략 20만 원
정도 들었는데 기존 시공보다 30만 원~50만 원을 아낄 수 있었다.

베란다에는 뚝딱 마루가 생겼다. 예쁜 조명과 커튼, 쿠션으로 멋을
내니 너무나 예쁜 공간이 되었다. 베란다는 작은방 2개랑 연결되어

이동이 자유롭도록 바닥을 장판으로 마감하고 카펫까지 깔고 나니 작은 거실로 보였다.

　비용을 아끼며 단점을 장점으로 만들어가는 시도는 자주 사용하는 스킬이다. 어느 부분을 고치고 어느 부분에 힘을 주어야 하는지 늘 고민하고 결과를 만들어낸다.

사례 2: 작은 공간도 충분히 살린 홈카페

　베란다를 이용한 홈카페를 만들어 원하는 공실탈출을 여러 번 하다 보니 이제는 베란다가 조금만 넓어도 관심이 간다. 이 현장은 20평 남짓한 작은 아파트이지만 베란다가 라운드 모양으로 좁아 보이지 않았다. 바닥은 타일이고 창문에는 먼지 쌓인 커튼이 축 쳐져 있었지만 홈카페를 사진처럼 설치하고 예쁨을 뽐냈다. 승강기 없는 구축 5층이지만 수월하게 공실탈출한 사례이다.

사례 3: 숨은 공간 살린 홈 카페

　이 현장은 베란다에 화단은 없지만 폭이 1.8m, 길이 4.4m이고 라운드로 된 공간이다. 베란다가 2.4평 정도였다. 이 아파트가 전용면적 평당 2,500만 원이라면 이 공간은 6,000만 원으로 환산할 수 있다. 숨기기에는 아까운 공간이다.

사례 1_골칫거리 베란다의 재탄생

사례 2_새롭게 예쁨을 입은 라운드형 베란다

사례 3_되살린 숨은 공간

사진처럼 시공한 이후에 부동산 사장님들에게 인기 있었던 이유는 다른 집은 이렇게 활용하는 사례가 없었기 때문이다. 라운드에 맞추어 카페처럼 합판으로 붙박이 의자를 만들어 언제든 주인을 받아주는 편안한 의자가 되었다. 방 3개짜리 아파트였지만 공간이 하나 추가되었다.

33

현장에서 활용하는 아이디어

작업을 하다보면 시공자를 부르기에는 비싸고 셀프로 해보려니 잘 모르겠는 상황에 부딪힌다. 셀프로 할 수 있는 간단한 방법을 사용하면 현장에 따라서 아이디어 뱅크로 활용할 수 있다.

사례 1: 필요한 선들은 잠시 숨기는 방법

전기선은 생활하는 데 꼭 필요하지만 군데군데 늘어진 전선을 보면 지저분하다는 인상을 먼저 받는다. 우리 집을 보러 온 사람에게 마이너스 요소를 줄 필요는 없다. 감추지 말아야 할 단점이라면 오픈을 하고 집을 보러오는 사람에게 설명하지만, 전선 정도는 가려 주어도 좋다고 생각한다.

목표를 공실탈출에 두면 눈에 거슬리는 부분은 해결하게 된다. 처음에는 큰 부분이 보이다가 나중에는 점점 작은 부분까지 보인다. 그 작은 부분까지 해결되면 스스로 '내가 이 현장에 진심이었구나' 하고 만족하는 경험을 얻는다. 에어컨 선을 오른쪽 사진처럼 예쁜 색색 소품 쿠션으로 정리하는 일은 즐거웠다.

사례 2: 유리 교체로 밝은 집 만드는 콘셉트

이 시공 현장에 도착했을 때 '만약 나라면 왼쪽 사진처럼 한지 느낌이 좋을까? 아니면 오른쪽 사진처럼 자연광이 들어오면서 시원하게 시야가 확보된 투명유리가 좋을까?' 이런 생각을 했다. 투명유리는 밝고 넓은 느낌을 준다. 반면 불투명 유리는 아늑함보다 답답하고 어둡게 느껴진다.

문틀은 필름으로 작업했다. 유리 교체 비용은 30만 원이었고 예스러움이 사라지고 밝아진다면 할 만하다. 동네 유리 가게를 검색하고 전화를 걸어 요청하면 직접 와서 확인하고 유리를 제작해 교체해 준다. 내가 한 일은 결정과 전화하기, 두 가지였다. 작은 문제 해결도 큰 기쁨을 준다.

사례 3: 유리 교체로 밝고 넓어 보이는 집 만드는 콘셉트

여기 현장은 작은 방으로 들어가는 문은 미닫이 형식이고 반투명

사례 1_전선은 보이지 않게 한다

사례 2_유리 교체로 밝은 집 만드는 콘셉트

사례 3_유리 교체로 밝고 넓어 보이는 집 만드는 콘셉트

유리로 되어 있다. 반투명 유리는 가족이라도 사생활이 필요할 때 도움이 된다.

나는 이 현장에서 공실탈출 인테리어 핵심인 '밝고, 넓게' 하자는 의미에서 투명 유리로 교체했다. 시공 후 사진을 보니 답답한 느낌이 사라지고 산뜻하고 시원해 보인다. 유리창이 커서 안전이 염려되어 망입 모양 시트지를 붙여 주었다. 혹시 유리가 파손되어도 시트지가 한 번 잡아주면 위험하지 않아 보였다.

투명 유리를 통해 내부 밝음과 개방감이 확보되었다. 아이디어는 '투썸플레이스' 카페 출입문에서 가져왔다.

사례 4: 식탁등 추가로 예쁨 추가하는 콘셉트

92년식 아파트에는 식탁등이 없었다. 인테리어 사장님 도움을 받아 식탁등을 새로 설치하고 예쁜 레이스를 살포시 덮어주었다. 맨 처음 구경 오는 사람이 알아볼 확률은 99%이다. 이런 감성을 알아보는 사람이 우리 집 임차인이다. 빠른 계약으로 인해 스트레스가 줄고 기쁨은 커진다.

사례 5: 타일에 생명력을 주는 방법

이 현장(221쪽 사진 참조)에서 왼쪽 시공 전 사진 상태로는 임차하거나 매매할 때 원하는 가격을 받을 수가 없을 뿐만 아니라 입주자에게 선택받기도 어렵다. 베란다를 단정하게 만드는 데 드는 비용 약 20만 원을 아끼려면 2천 원짜리 백시멘트 1봉과 약간의 수고를 더하면 충분하다. 대부분 물을 사용하는 베란다는 타일로 시공을 하면 간단하게 예뻐진다. 그러나 비용을 아껴야 하는 현장이라면 줄눈 전용 백시멘트로 충분히 가능하다.

여기서 고민이 시작된다. '다른 사람들을 보니 기존 줄눈을 파내고 깊이를 만들던데, 청소만 하고 백시멘트를 넣으면 빠져나오지는 않을까?'라는 의문이 든다. 백시멘트가 빠져나올 수도 있다. 그래서 손가락으로 단차를 확인한다. 타일과 줄눈 높이가 똑같지 않고 2~3mm라도 차이가 있다면 가능하다. 줄눈이 조금 빠져나온다고 해도 90% 이상 좋아진다면 해볼 만하다. 철물점에서 줄눈용 백시멘트와 플라스틱 또는 실리콘 헤라 정도만 구입해도 된다.

백시멘트를 물에 섞어 치약 느낌 정도를 만들고 헤라를 이용하여 살짝 힘을 주어 밀어 넣어 주고 타일 위로 올라온 백시멘트는 걷어낸다. 100% 걷어낼 수는 없다. 이 작업을 할 때는 출입구에서 먼 곳부터 거꾸로 작업하는 방식을 추천한다. 작업한 곳을 밟으면 신발에 줄눈이 묻어나기 때문이다. 조금 남은 백시멘트는 마른 헝겊을 이용하여 닦아내는 방법이 있다.

여러 번 시도 끝에 자신만의 방법을 찾아내는 수고를 거듭한다면 늘 수익이 된다는 이야기를 하고 싶다. 임차인은 인조잔디를 깔고 사용한 모습을 보면서 괜찮겠다는 생각을 했다.

사례 6: 틈새 메우기는 인테리어 완성

틈새가 벌어진 곳이 신경 쓰인다면 단정함을 좋아하는 사람이라고 생각해도 좋다. 이 시공 현장에는 왼쪽 사진처럼 틈새와 작은 구멍이 많았다. 집을 보러오는 사람이 이런 작은 구멍까지 살펴보지는 않지만 틈새가 한두 군데가 아니라면 지저분해 보이고 집 전체 분위기에 영향을 준다. 새로 인테리어를 하여도 실리콘이 마르면서 틈새가 생길 수도 있고 타카 자국으로 미세한 구멍이 보일 수도 있다. 새로 한 몰딩도 이음새 표시가 난다.

이런 작은 부분을 단정하게 처리하는 노하우가 있다. 틈새 문제는 다이소에서 파는 '메꾸미'라는 제품으로 해결이 가능하다. 욕실 천장과 벽 사이에 실리콘으로 틈새를 막아보면 그 느낌을 알게 된다. 구축이라면 몰딩이 벌어져 틈새가 생긴 경우도 마찬가지이다.

틈새를 정리하는 '인테리어 실리콘'이라는 업종이 따로 있다. 중요하기 때문이다. 강조하지만, 단정함은 밝고 넓고 예쁜 집을 만들기 위한 기초 작업이고 많은 문제를 해결해 준다.

Before　　　　　After

사례 4_식탁등 추가로 예쁨 추가하는 콘셉트

Before　　　　　After

사례 5_타일에 생명력을 주는 방법

Before　　　　　After

사례 6_틈새 메우기는 인테리어 완성

사례 7: 누수 흔적 없애는 방법

베란다 정도는 셀프로 페인트를 하고 싶은 사람들이 있다. 몇 십만 원은 간단하게 아낄 수 있기 때문이다. 그런데 페인트칠을 하다 보면 작은 어려움이 있다. 사진을 보면 빗물이 들어와 빗물 자국이 남아 있다. 자세히 보면 빗물자국이 창틀로부터 5cm 아래에서 시작한다.

처음에도 창틀 틈새로 빗물이 들어왔고 시멘트로 막았다. 그런데 왜 또 물이 들어왔을까? 물길이 바뀌었다고 추정할 수 있다. 그렇다면 물길이 바뀐 원인은 무엇일까? 창틀 아래쪽 벽면 페인트를 제거하지 않아서다. 쉽게 설명하면, 맛난 햄버거를 생각해 보자. 빵과 빵 사이에 계란과 햄, 채소가 들어 있다. 빵은 벽면이고 햄, 계란, 채소는 페인트라고 간주해 보자. 속 재료를 두고 그 위에 빗물 들어오지 말라고 시멘트를 올렸기 때문에 속 재료 사이로 물이 들어왔다. 창틀 아래 페인트를 제거하고 틈새를 막았어야 했다.

여기서 전달하고 싶은 팁은 '빗물 자국 지우기'다. 페인트를 칠해도 빗물 자국은 남는다. 먼지를 제거하고 에나멜페인트를 무광으로 한 번 발라주면 빗물 자국은 배어 나오지 않는다. 그 이후에 수성페인트를 사용하면 감쪽같이 자국이 사라진다.

사례 8: 실리콘 시공으로 단정함 주는 방법

현장에서 문제를 해결하는 데 필수 제품은 실리콘이다. 실리콘은 나를 많이 도와주는 도구여서 애지중지한다. 욕실은 꼭 필요한 공간이지만 남들이 사용하던 욕실은 익숙해질 때까지 불편하다. 하지만 욕실이 깨끗하면 거부반응이 줄어든다. 욕실을 시공할 때 곰팡이가 있거나 백시멘트가 탈락하는 등의 상황에서 백시멘트가 없다면 실리콘을 사용해 보자. 보수작업이니 실리콘도 좋다. 작업해야 할 부분을 깨끗하게 청소하고 현재 상태에서 실리콘으로 덮어주면 된다.

실리콘 초보여도 넓은 실리콘 헤라가 도움이 된다. 전문가처럼 마감은 못하더라도 우리가 원하는 두 가지는 만족한다. 곰팡이가 안 보이고 깔끔하게 보인다. 특히 양변기 바닥에 오염된 상태가 없어졌기 때문에 욕실이 깨끗하고 환해 보인다.

실리콘을 사용하면 주방에도 같은 방법으로 좋은 효과를 볼 수 있다. 주방 상판 가장자리도 이물질이 못 들어가도록 틈새를 막는 용도로 실리콘 마감이 되어 있다. 하지만 세월이 경과하면 실리콘은 미세하게 구멍이 나고 그 사이로 이물질이 들어가면 곰팡이가 된다. 세제가 묻으면 누렇게 변색되기도 한다.

전문가들은 기존 실리콘을 걷어내고 다시 시공하겠지만, 우리는 최소 비용으로 단정한 집을 만들려는 목적이라 덧방이 안전하다. 실리콘이 잘 벗겨지는 곳은 걷어내고 하면 되지만 제거가 어려운 곳을

사례 7_더 이상 빗물자국이 생기지 않게 한다

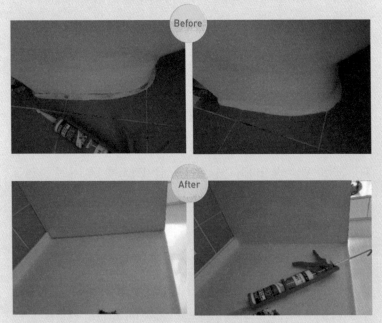

사례 8_실리콘 시공으로 단정함 주는 방법

해보았더니 금방 지쳐서 다음 작업을 제대로 할 수 없는 부작용이 생겼다. 그 이후로는 덧방을 주로 한다. 1년 이상은 깔끔하게 사용할 수 있고 다시 누레지면 다시 덧방하면 된다. 여러 차례 시공해 본 결과 자신 있게 권한다.

실리콘은 욕실과 주방은 항균성이 포함된 '바이오 실리콘'을 사용한다. 실리콘을 시공하고 나면 주변까지 밝아지기 때문에 마치 내 주변에 좋은 친구들로 가득한 느낌이 든다.

사례 9: 최소 비용으로 유적지 같은 바닥 공사하는 방법

사람 속은 알 수 없어도 장판 속은 알 수 있다. 이 현장 거실은 높낮이가 다르고 심지어 꿀렁거리기까지 했다. 장판 아래쪽 바닥이 부서져 있었다. 장판을 걷으니 장판이 나오고 또 나와서 다섯 겹이나 되었다. 장판을 걷은 후 만나게 된 바닥 모습은 시멘트 부스러기들 사이로 배관이 보였고 심각한 상태로 마치 역사 유적지 같았다. 누수는 보이지 않았고 그나마 방 2칸은 상태가 양호하여 다행이었다.

난방공사 업체에 견적을 받아보니 300만 원 이상이었다. 300만 원의 근거는 시멘트를 잘게 부수어 포장하고 사다리차를 불러 철거물을 내리고 다시 시멘트를 올려서 작업을 완료하는 방식이다.

임대료와 매수가격을 생각하면 무리인 금액이었다. 이때 평소 기술을 도와주는 아덱스 사장님이 비용을 절약하는 멋진 방법을 제안

사례 9_유적지 같던 장판 속을 정리한다

했다. "부서진 면을 정리하고, 프라이머를 바르고, 초속경 몰탈로 바닥을 정리한다."

아덱스 사장님이 보내준 제품을 화물로 받아 우선 거실 바닥 한 귀퉁이를 실험해 보았다. 처음 해보는 미장이지만 할 만했다. 다음 날은 인력사무소를 통해 작업자를 구했다. 초속경 몰탈이 부족했지만 일반 시멘트를 더 많이 구입하여 잘 마무리했다.

처음 300만 원 넘게 예상됐던 비용을 60만 원 정도에 해결하니 자신감이 올라간다. 초속경 몰탈은 단가가 비싸지만 인건비를 줄여주므로 비용절감 효과가 좋은 제품이다. 바닥이 유적지와 같았던 이 현장은 집수리 방법을 약간만 달리하는 아이디어로 1/5 가격으로 시공할 수 있었다. 시공은 멋지게 마무리되었고, 비용을 절감한 경험은 또 다른 아이디어와 방법을 찾아 연구하고 성공하는 경험으로 이어졌다.

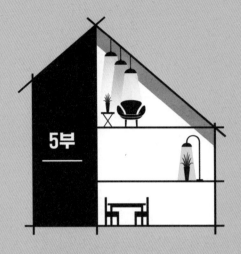

5부

유연한 공실탈출

34

계좌 잘 받는 방법

처음이라 불안했기 때문일까? 마음속에 설정된 경계 때문이었을까? 부동산 사무실 문을 열지 못하고 쭈뼛거리던 때를 생각하며 부동산 사장님과의 관계를 다시 생각해 본다.

10년 전 작은 상가를 매도할 일이 있었다. 포괄양도양수라는 내용으로 인터넷 검색을 해도 내가 원하는 뚜렷한 답변을 얻을 수 없었다. 그러다가 평택 부동산 사장님이 올린 블로그를 보고 사무실로 찾아갔다. 사무실을 찾아가긴 했지만 문도 못 열고 주변을 서성거렸다. 옷가게에 들러 구경도 하면서 마음을 다스려보았지만 한참 지나서야 사무실 문을 열고 들어갈 수 있었다. 그곳에서 포괄양도양수에 관해 설명을 잘 듣고 도움을 받았다. 10년 전 일이지만 부동산 사무실에 들어가지 못하고 망설이던 내 모습이 오랫동안 기억에 남아 있다.

지금 생각하면 그랬던 때가 있었나 싶을 정도로 나는 부동산 사장님들과 편안한 관계를 유지하고 있다. 지금의 나를 아는 사람이라면 더더욱 믿기지 않겠지만 그때는 마음속에 경계를 설정하고 있었다. 처음 만나는 사람에 대한 불안과 부동산 사장님에 대한 두려움, 혹시나 나에게 어떤 피해가 올지도 모른다는 불안한 태도로 사람을 만나려는 마음이 내 발길을 무겁게 했다. 두려움은 내 스스로 만든 감정이었다.

부동산 사장님 역할을 잘 모르는 상황에서 '부동산 사장님은 뭐든지 잘 알 거야. 나는 아무것도 모르는데 내가 초보자인 걸 바로 눈치채겠지. 나는 부동산 사장님이 속여도 잘 모르는데 어쩌지.' 이렇게 색안경을 장착하니 스스로 발이 묶였다. 그 부분에 집중하니 몸과 마음이 편하지 않았다.

그 이후에도 한동안 마찬가지였다. 문을 열고 들어가기는 했으나 그들은 내가 대답할 수 없는 질문을 한다. 그중 하나가 "돈은 얼마나 있나요?"였다. 내게 딱 맞는 상품을 소개하기 위한 질문인데도 불편했던 이유는 내가 가진 돈이 얼마 되지 않아서였다. 나중에는 조금 배짱이 생겨 10억이라고 외워서 말을 했지만 그래도 편하지는 않았다. 나는 매수 의사보다는 공부하러 임장을 다녔기 때문이다. 공부를 위해 임장을 다니지만 준비가 안되어 있으니 제대로 알아들을 수도 없었다.

비록 어색하게 다녔지만 그래도 많은 부동산 사장님을 만나다 보니 점점 익숙해졌다. 진심을 다해 맞이하는 사람도 만나고, 솔직한 사람도 만나고, 배려해 주는 사람도 만나면서 내 마음속에 설정된 경계도 차츰 허물어졌다. 언젠가부터 나도 투명조끼를 벗고 솔직하게 의사소통을 하게 되었다. 사람을 평가하기보다 중개하는 업무를 이해하니 불편한 감정이 눈처럼 사라졌다.

나는 부동산 사장님 말투에 집중하는 편이다. 아주 살짝 억양 변화가 느껴지거나 감정이 묻어나는 말투일 때 원인이 내게 있다고 생각하면 컨트롤이 가능해진다. 내 말이 좀 거칠었나? 언성을 높이게 말했나? 그러면 내 말은 유순해졌다. 내가 유순해지면 상대방도 유순해진다. 부동산을 저렴하게 구입하는 핵심에만 집중하면 부동산 거래는 상당 부분 나에게 유리해졌다.

순수한 마음으로 대하든, 순수하지 않은 마음으로 대하든 모두 내 선택이다. 결과가 나에게 유리하길 기대하며 상황에 따라 선택한다. 알맞은 비율로 관계를 맺어야 건강한 관계가 된다. 지속되는 관계를 원하면 속도와 비율 조정이 필요하다. 상황과 결론이 나에게 유리해졌다는 말은 어느 정도를 말할까? 보통 불리하지도 유리하지도 않은 관계는 50%, 내가 불리한 경우는 30%, 내가 유리한 경우 20% 정도면 되지 않을까 하는 혼자 생각이다. 다만 부동산 거래에서 나에게 불리한 30%를 나에게 유리한 상황으로 만들어가는 방법도 고려해야 한다.

한창 부동산 매물을 확보하기 위해 경쟁이 있었던 때의 일이다. 주택가 사거리 부동산 사무실로 들어가니 이미 여러 명이 원하는 물건을 확보하기 위해 눈을 반짝이고 있었다. 나중에 도착한 나, 그 자리에 있다고 해도 내 차례는 멀어 보였다.

하지만 언제 물건이 나올지도 모르니 대안이 필요했다. 그때 이전에 누군가 했던 말이 생각났다. 금일봉! 점심 식사비 정도! 나는 부동산 사장님에게 봉투 하나를 달라고 하여 점심 식사비 정도 금액을 챙겨 넣고 봉투 겉면에 내 전화번호와 함께 한 문장을 남겼다. '점심 맛있게 드시고 물건 나오면 연락 주세요.' 나는 물건을 사겠다고 정확하게 의사를 표시했다. 내가 물건을 꼭 매수할 사람이라고 기억시키고 싶었다. 며칠 후 다시 방문하지 않아도 매물을 받았다. 물건을 사겠다는 의지가 분명했기 때문이다. 그 이후에도 그 부동산 사장님과는 좋은 관계를 유지하고 있다.

부동산 중개인은 나라에서 인정한 공인중개사다. 그가 전문가라는 사실을 인정하면 훨씬 더 매끄럽고 풍요로운 대화가 진행된다. 공인중개사 시험을 준비하다 포기한 나는 전문가를 존중한다.

이번에는 반대 경우이다. 부동산 투자를 하려면 일단 매수를 해야만 매도를 할 수 있다. 매수한 부동산이 없으면 매도할 부동산도 없다. 얼핏 바보 같은 이야기를 하는 이유는 그만큼 매수가 중요하기 때문이다. 좋은 상품을 고르는 일도 중요하지만 매수 계약으로 이루어지려면 매도하는 사람 계좌를 받아야 입금을 할 수 있다. 이 과정은 쉬울 수도 있고 때로는 어려울 수도 있다.

어느 날 아파트를 사려고 마음먹고 경기도 안산시에 갔다. 아파트

세대 수가 많은 동네라 부동산 공인중개사 사무소도 여기저기 많았다. 나는 매물을 먼저 검색하고 갔기 때문에 해당 사무소에 먼저 들어가 보았다. 부스스한 남자 직원에게 매물에 대한 브리핑도 받고 직접 매물도 보았지만 그다지 사고 싶은 생각이 들지 않았다.

두 번째 방문한 곳은 분위기가 달랐다. 친절하고 물건도 여러 곳 보여주고 무엇보다 저렴한 물건을 다수 확보하고 있었다. 내가 원한 물건은 전화 연락이 안되어 거래가 진행되지 않았지만 앞에 갔던 부동산에서 확인한 매물보다 저렴한 물건이니 기다리기로 했다. 매수에 대한 명확한 의사 표시를 하고 기다렸다.

나는 매물을 열심히 알아봐 주는 부동산 실장님을 보면서 낮은 가격에 매수하기를 기대하며 오후 늦게까지 기다렸다. 다음날도 부동산사무실로 출근해서 기다렸다. 심지어 점심도 부동산 실장님과 먹었다. 실장님 활약 덕분에 오랫동안 연락이 안되던 세입자와 연락이 닿아 집을 볼 수 있었고 소유주에게 문자와 전화를 반복하면서 연락을 취한 끝에 계좌번호를 받았다. 결국 나는 이틀을 기다려 계약을 할 수 있었다.

집에서 기다리거나 다른 일을 하면서 부동산을 믿고 기다려도 되지만 출근까지 하면서 기다린 이유는 확실히 저렴한 가격이었고 내가 아니어도 누구라도 매수를 결정하게 되는 가격이었기 때문이다. 꼭 마음에 드는 상품이 있다면 지루하더라도 기다려야 원하는 계좌를 받을 수 있다.

35

전화로 업체 선정하는 방법

    간단한 집수리를 맡기고 싶을 때는 포털사이트에서 검색하여 의뢰한다. 대부분의 사람들은 업체를 선정하고 의뢰하는 방법에 나름의 노하우를 가지고 있다. 이번에는 좀 더 간결하게 업무를 처리하고 싶은 내 경우를 예로 들어본다.

    우선 대화가 잘 되는 사람을 선정해야 한다. 지난 여름에 임차인이 이사를 오면서 에어컨 설치가 필요했다. 에어컨과 실외기를 연결하는 간단한 작업은 대부분 네이버에서 검색해서 의뢰한다. 검색창에 '낙원동 에어컨 설치'라고 키워드를 넣으면 관련 업체들이 주르륵 검색된다.

    검색된 순서로 보면 전화번호 앞자리 070 업체가 먼저 나오고, 뒤이어 0507로 시작하는 번호가 검색된다. 좀 더 뒤 페이지로 넘어가면 010으로 시작하는 번호가 나온다. 나는 010 번호를 좋아하는데,

만약 010이 없을 때는 0507로 전화를 해본다. 때로는 검색된 업체가 표시된 지도를 보고 집과 가까운 쪽부터 전화를 걸어 문의하기도 한다. 그 이유는 동네별로 특별한 내용이 있고 그 동네를 수리해 본 업체가 가장 잘 알기 때문이다.

모르는 사람에게 전화 걸기 싫어서 게으름 피울 때도 많다. 그래도 어쨌든 에어컨 연결은 해야 하니 검색된 전화번호 중 하나를 골라 전화를 걸었다. 한 남성이 전화를 받았다. "사장님. 에어컨 설치하시나요? 저희 에어컨 연결이 필요한데 가능하실까요?" 나는 "연결이 가능하다. 작업현장이 어디냐?" 같은 대답을 기대했지만 "말해 보세요"라는 퉁명스러운 목소리의 답변이 돌아왔다. 아마도 이 말은 '에어컨 하는 사람 맞다. 작업현장이 어디냐'라는 의미인지 모른다. 하지만 이 사람과 대화를 계속하려면 미루어 짐작해야 하는 의사소통 방식이 되겠다는 생각이 들었다. 나는 문제를 해결하려고 전화를 했는데 내용을 설명하는 부분부터 소통이 쉽지 않겠다는 직감이 들었다. 나는 에어컨 연결을 부탁하는 일을 중지하고 정중하게 인사하며 전화를 끊었다.

이번에는 다른 0507 번호로 전화를 걸어 종전과 같은 내용으로 질문했다. "사장님, 에어컨 설치하시나요? 저희 에어컨 연결이 필요한데 가능하실까요?" 이번에는 달랐다. "연결이라고 하면 에어컨과 실외기는 있나요?" 내가 원하는 질문이다. 필요한 몇 가지 이야기를 더 하고 작업을 의뢰했다. "사장님, 제가 인터넷 보고 전화를 드려

핸드폰 번호를 모릅니다. 주소를 문자로 넣어드려야 하니 명함 넣어 주세요."

필요한 이야기를 나누고 전화는 종료되었다. 짧은 통화에서도 의사소통이 잘 되니 기술력까지 좋아 보였다. 만약 두 번째 전화에서도 만족스럽지 못했다면 나는 다른 업체를 계속 찾아야 한다. 수리내용이 간단하고 비용이 낮은 경우라면 복수로 비용 체크를 하지는 않는 편이다. 인테리어를 할 때 4개 업체 이상 견적을 받아보면 업체 기술력도 비교가 되고 눈치껏 배울 부분도 많다. 그들 시간도 중요하니 궁금한 내용을 메모하여 질문하면 대화가 깔끔하게 정리된다.

첫 번째 전화를 받은 사장님과 두 번째 전화를 받은 사장님 차이는 기술력이 아니다. 의사소통 부분이다. 첫 번째 사장님도 얼굴을 보고 이야기를 나누었다면 에어컨 연결을 의뢰했을 수도 있다. 전화보다 직접 얼굴을 보고 이야기를 할 때는 사람 분위기가 있으니 대화가 좀 더 쉬워지기 때문이다.

하지만 전화로 의뢰할 때는 직접 대화를 하는 방법보다 의사소통이 아무래도 제한된다. 대화가 순조롭지 않으면 의사전달에 오류가 생기고 결과물이 다를 수 있다. 오류를 줄이기 위해 사진을 준비하고 대화가 끝나면 내용을 정리하여 문자로 다시 한 번 전달하면 실수가 줄어든다.

가끔 상대방이 말귀를 못 알아듣는다고 욱하는 사람을 보게 되는데 그럴 때는 나랑 정말 말이 잘 통하는 사람을 찾거나 상대방이 잘 알아듣도록 내용을 정리해서 말해야 한다. 일상 친구들과 하는 이야기가 아니라 원하는 목적이 있는 대화이기 때문이다.

의사소통이 잘되는 사람을 찾는 방법도 중요하지만 의사소통을 잘하려는 나의 준비도 중요하다. 평상시에 대화가 잘 통하는 사람을 관찰했다가 말 속도와 대화 스타일이 비슷한 업체를 선정하면 무난하다. 내 경우는 소규모 사업자라도 회사처럼 업무를 처리하는 업체를 선호하는 편이다. 그런 업체를 선정하면 불필요한 감정낭비가 줄어들기 때문이다.

36

매도가 안 될 때
부동산 사장님을 찾는 방법

부동산 거래에서 부동산 사장님의 역할은 매우 중요하다. 부동산 사장님을 찾는 노력 또한 중요한 기술이다. 매도가 안 되어 마음 졸이던 정 선생 이야기를 통해 기술을 배워보자.

대구에서 강의할 때 나를 반갑게 맞아주던 정 선생, 아파트가 매도되지 않아 걱정이란 이야기를 들었다. 전화상으로는 담담하게 말했지만 축 처진 어깨가 보이는 듯했다. 전세금을 높은 금리로 대출받아 돌려준 상황이라 이자는 나날이 늘어만 가고 있으니 마음고생이 이만저만이 아닌 듯했다. 공실탈출 경험이 많은 내가 무엇이든 도와주고 싶어 현장 사진을 부탁했다.

나는 현장 사진을 받아보고 폭풍 잔소리를 시작했다. 식기 건조대는 싱크대 안에 넣어두면 주방이 훨씬 넓어 보인다, 거실에 널부러진 줄은 돌돌 말아 묶어두라, 집안 여기저기 지저분한 스티커를 떼고 입주청소를 해보자. 이런 이야기를 나누고서 한 달 만에 매도했다는 기쁜 소식을 들었다.

폭풍 잔소리를 듣고 정 선생은 먼저 입주청소를 하고 지저분한 부분을 정리했다. 그 이후 부동산 사장님에게 집이 깨끗하다고 칭찬도 받았단다. 주변에 나온 경쟁물건은 인테리어 할 때 쓰다 남은 타일을 조합하여 색상이 맞지 않은 집이었지만 정 선생 집은 그레이 계통으로 색상 통일성을 이루다 보니 넓고 깨끗해 보였다고 한다. 경쟁물건과 비교하여 여러 면에서 우수하다고 생각이 들면 자신감이 생긴다. 경쟁물건 상태를 알아보려는 노력도 기술이다.

처음에는 그동안 알고 지내는 사장님에게만 물건을 내놓고 기다렸다. 다른 부동산 사장님에게 의뢰하는 일은 왠지 미안했다고 한다. 아는 사장님을 믿고 기다렸지만 아무 연락이 없었고 시간이 지날수록 점점 초조해졌다.

믿고 맡겼던 정 선생 마음과 다르게 그 부동산 사장님은 중개업무에 집중하지 못할 집안 문제가 생겼다. 아파트를 거래해줄 상황이 아니라는 사실을 알게 되니 다른 부동산 사장님에게 의뢰해도 마음이 불편하지 않았다. 정 선생 아파트와 거리가 먼 곳에까지 매매를 의뢰했다. 정 선생 아파트는 구축이었고 의뢰한 곳은 좀 더 소득이 높은 신축아파트 단지였다. 그곳 부동산 사장님은 생동감이 느껴졌다고 한다.

매매를 성공시킨 부동산 사장님은 아파트 가격이 한창 높을 때 24

평을 보유하고 있던 지인에게 아파트를 팔고 전세로 거주하도록 권유했다. 부동산 사장님 말대로 매도를 하고 전세로 거주하는 동안 아파트 가격은 많이 하락했다. 최고점에 매도했으니 부동산 사장님에 대한 신뢰가 높을 수밖에 없다. 2년 전세 만기가 되어 24평을 매도한 금액으로 정 선생 아파트 34평을 매수하게 되었다.

그 지인은 아파트를 가장 높은 가격에 팔고 아파트 가격이 하락한 시점에서 추가 금액 없이 갈아타기에 성공했다. 멋진 일이다. 주변 사람 돈 벌어주는 부동산 사장님의 어마어마한 기술이다. 그 덕분에 정 선생 아파트는 매도가 되었다.

정 선생은 기억을 더듬어 여러 곳에 물건을 의뢰해야 하는 이유를 말해주었다. 예전에 20평대 아파트를 월세를 더 받을 생각으로 새시를 포함한 전체 인테리어를 했다. 인근 부동산 사장님은 월세 오만 원에 저항하여 거래를 주선하지 않았다고 한다. 정 선생은 속만 태우다 그때도 어쩔 수 없이 더 먼 곳 부동산에 의뢰를 하고 계약에 성공한 경험이 있었다.

정 선생은 지혜로웠다. 우리 동네보다 아파트 가격이 좀 더 비싼 동네 부동산 사장님에게 의뢰하는 일은 현명한 방법이다. 큰 금액을 거래하는 부동산 사장님은 낮은 가격에 저항이 낮은 편이다. 인테리어가 안 된 집과 잘 된 집 가격 차이 오만 원은 임차인이 결정하게 된다. 이런 점을 인정한 부동산 사장님이 월세 계약을 성공시켰다.

전세도 마찬가지다. 2억짜리 매물을 내놓고 싶다면 3억대에 전세

가격이 형성된 동네 부동산 사장님에게도 매물을 내놓아야 한다. 3억 전세에서 돈이 부족하여 2억 전세로 오고 싶은 사람이 있을 수도 있다.

매매도 다르지 않다. 비싼 동네에서 전세가격으로 내 집 마련이 필요한 사람도 있으니 여러 부동산 사장님에게 의뢰해야 한다. 열린 마음은 유연한 기술이다. 우리 집에서 거리가 있더라도 20분 안쪽 거리라면 충분히 고려할 수 있다.

이런 세부 사항을 알고 있기에 공실탈출 프로젝트에서는 단체문자를 통해 먼 곳까지 중개 의사를 타진해 보는 방법을 사용한다.

37

즉답보다는 일단 전화를
끊어보는 방법

임차인이 많아질수록 해결할 일이 늘어난다. 대부분 문자나 전화로 알게 되는데 그중에서 임차인 전화를 받는 일은 편하지 않다. 전등이 나갔을 수도 있고 방충망 구멍으로 모기가 들어올 수도 있다. 불편한 일을 호소하는 전화를 받고 "네. 바로 해드릴게요." 이러기는 쉽지 않다. 소소하게 2~3만 원부터 많게는 몇백만 원까지 비용이 나가다 보니 감정이 생기기 시작한다. '또 돈 나가게 생겼네.' 이러기 일쑤다.

여기서 자신에게 올라오는 감정대로 표현하면 지는 게임이다. 임차인과 통화할 일은 계약 기간 2년 동안 그리 많지 않다. 그중에 한번 전화 통화를 잘못하면 차후 협조 받을 일이 생겼을 때 높은 확률로 원하는 협조를 받을 수 없다. 인정하고 싶지 않아도 임차인은 약자, 임대인은 강자라는 공식이 알게 모르게 성립되어 있기에 더욱 그러하다.

즉시 답변할 수 없는 일이라면 그냥 간단하게 민원접수라고 생각하자. 책임 여부를 따지기보다는 일을 해결하기 위한 몇 가지 질문으로 정리하고 전화를 끊어야 한다. 시간을 갖고 접수된 내용을 관찰하여 해결방법을 찾아야 한다. 이 전화를 끊지 못해 임차인과 관계가 틀어지는 경우가 많다.

다만 전화를 끊기 전에 민원이 접수되었음을 확인시켜주고 해결책을 찾아보겠다는 의사는 분명히 밝혀야 한다. 이런 부분이 잘 처리되면 임차인은 본인이 말하고자 하는 의견이 어느 정도 받아들여졌다고 안심한다.

핵심은 일단 전화를 끊고 시간을 벌어보는 일이다. 반복해서 말하는 이유는 나조차도 그러지 못할 때가 있기 때문이다. "아, 방충망이 문제군요. 제가 지금은 하던 일 때문에 통화는 어렵고 한 시간 뒤에 전화 드리겠습니다. 방충망 몇 개인지 사진 찍어서 보내주시겠어요?" 우선 마음을 진정시킬 시간이 필요하다.

그다음에 책임 소재를 생각한다. 비용을 모두 임차인이 부담하든지, 임대인이 부담하든지, 아니면 반반 부담하든지 등을 생각할 시간이 필요하다. 전화 받고 즉석 답변이 필요한 긴급한 일이 아니라면 시간 확보가 여러 면에서 유리하다. 솟아오른 내 감정을 들키지 않아야 한다. 불리한 상황도 시간 확보를 통해서 얼마든지 협조를 받을 만한 상황으로 만들 수 있다. 확보한 시간 동안 해결 가능한 여러 가지 방법을 찾아볼 수도 있다.

왜 우리는 임차인 전화를 받으면 불편할까? 임차인도 마찬가지다. 서로 이해득실이 다르기 때문이다. 비용이 드는 부분에는 누구 하나는 손해를 보게 되어 있다. 임차인과 임대인 모두 좋은 경우는 거의 없다. 시간벌기를 통해서 서로에게 나쁘지 않도록 갈등을 조절하는 힘이 유연한 기술이다.

회사 업무로 생각해도 좋다. 업무라고 생각하면 불쾌한 감정이 배제되고 처리할 일만 남는다. 임차인이 말하고 있는 용건을 다 듣고 요구 사항을 정리하고 일단 전화를 끊는 행동은 간단하다. 시간을 확보하고 대응방법을 생각하자. 전화를 받자마자 해결할 수 없는 일이 더 많다.

반대로 즉시 답변해야 할 때도 있다. 얼마 전 오전에 전화를 받았다. 임차인이 야간근무를 하고 집에 돌아왔는데 갑자기 현관문 잠금장치가 열리지 않는다는 내용이다. 걱정되는 부분이었다. 단독주택이라 빗물이 잠금장치로 들어올 수 있음을 알고 있었지만 방치했는데 결국 열리지 않다니. 그 상황을 상상하니 임차인에게 너무 미안했다. 게다가 야근을 하고 돌아오면 당장 편히 쉬고 싶을 텐데. 피곤한데 집에도 못 들어가고 밖에서 해결할 생각을 하니 내가 빠른 답을 주어야 했다.

야근하고 피곤할 텐데 얼른 처리하자, 열쇠를 키워드로 검색하여 빠른 곳으로 10만 원 정도 금액이면 무조건 해라, 대략 가격을 알고 있으니 가이드라인을 주었다. 열쇠 수리하는 분이 오는 동안 임차인이 쉴 곳을 알려주고 전화를 기다렸다. 12만 원이라고 했지만 기꺼이 해결해 주었다. 임차인이 오히려 미안해하며 본인이 덮개를 사다가 끼우겠다고 했다. 감사한 일이다.

이런 일은 빠르게 처리해줘야 임차인과의 갈등을 줄이고 상호 도움을 받을 수도 있다. 임차인이 우리 집에서 거주하는 동안 잘 살고 나가길 희망하는 마음으로 가능하면 갈등 상황을 만들지 않아야 한다.

38

반복되는 문제를
사전에 차단하는 방법

집수리 비용이 늘어나지 않게 하는 방법과 사람 관계에서 감정 소모를 줄이는 방법을 알게 된다면 부동산 거래에서 반복되는 문제는 어느 정도 예방이 가능하다. 식사 후 매일 양치하는 행동은 치과치료를 예방하고자 하는 의미도 포함되어 있다. 부동산 투자에서 반복되는 문제를 사전에 차단하면 스트레스가 줄어든다. 내가 발견한 유형은 '집수리'와 '사람 관계'이다.

공실탈출 인테리어를 위해 방문해 보면 사람 살던 데가 맞나 싶은 집도 있다. 심한 경우에는 외부에서 신던 신발을 신고 거실 겸 주방에서 생활한 임차인도 있었다. 청소하기 귀찮다는 이유였다. 일부 과격한 예시를 들었지만, 임차인이 집을 깨끗하게 사용해 주기를 바라는 일은 희망사항일 뿐이다. 나는 이런 문제는 해결하기보다 방지하는 방법을 선택한다.

우선 내가 먼저 깨끗한 집을 제공한다. 깨끗한 집을 선호하는 사람은 경험상 깨끗하게 사용한다. 의사소통에도 문제가 거의 없다. 크고 작은 문제를 해결할 때도 무리 없이 해결되어 임대에 대한 스트레스가 줄어들고 임차 만기가 되었을 때도 아름다운 이별을 할 수 있다.

다음으로는 집을 깨끗하게 사용해달라고 부탁한다. 부탁이 잔소리가 안 되도록 한다. 나는 임차인에게 집에 대한 사용설명을 직접 하는 편이다. 이미 집을 보았고 마음에 들어 계약했기 때문에 약간은 진지하게 이야기를 한다.

"우리 집에 이사 오신 것을 환영합니다. 그리고 하나 더 부탁드립니다. 우리 집에 살면서 다음에 나갈 때는 무조건 돈 많이 벌어서 나가기로 해요." 진심으로 하는 말이다.

힘을 싣고 이 말을 하는 이유는 경험이 있어서다. 어느 날 급하게 이사를 들어온 임차인이 있었다. 초등학생과 엄마, 긴급했던 상황으로 미루어 보아 묻진 않았지만 마음이 힘들어 보였다. 잘 지내고 이사 나갈 때 수줍게 웃으며 "사모님이 잘되어서 나가라고 하여 지금 잘되어서 나가요"라는 말을 들었다. 임차인은 2년 전에 내가 한 말을 기억했고 정말 잘되어서 이사를 갔다. 기쁜 일이다.

이런 경험을 한 후로는 잊지 않고 꼭 말하고 있다. 젊은 사람에게는 "우리 집에 살면서 나갈 때는 무조건 돈 많이 벌어서 나가기로 해요." 그리고 "우리 집에 살면서 멋진 남자친구, 예쁜 여자친구 만나요"라고 이야기하면서 함께 웃고 나서 집에 대한 사용설명을 이야기한다. 이 말은 집을 깨끗이 써달라는 부탁이 포함되어 있다.

부자가 되려면 양변기 뚜껑을 닫아야 풍수에 좋다고 덧붙인다. 혹시 살다가 생기는 금전 문제를 해결하고 싶으면 일주일 동안 매일 욕실 청소를 해보라고 권한다. 마스다 미쓰히로는 《청소력》에서 금전 문제를 겪고 있는 사람에게는 화장실 청소가 좋다고 했던 내용을 근거로 이야기한다. 현재 상태는 깨끗하니 청소하기 쉽다.

또한 "청소는 곧 부자가 되는 길이다"라는 이야기를 한다. 처음에 돈 많이 벌어서 나가라고 덕담을 했으니 대부분 잔소리로 듣지는 않는다. 실제로 만기가 되어 나갈 때도 집이 깨끗했고 베란다 곰팡이가 조금 있다 해도 다시 페인트칠을 하면 되니 크게 걱정하지 않는다.

두 번째는 사람에 관한 유형이다. 인간은 손실을 보고 싶지 않은 욕구뿐만 아니라 쟁취하고 싶은 욕구가 동시에 작동한다. 손해 보고 싶지는 않지만 갖고 싶은 마음. 지기 싫은 마음과 이기고 싶은 마음. 이 감정은 부동산 거래를 하면서 느끼는 상반된 욕구이다.

손해 보고 싶지는 않지만 갖고 싶은 마음은 부동산 가격을 결정할 때 발견한다. 매도가 정한 가격을 다 주고 싶지는 않다. 한 차례 조율하면 또 내리고 싶어진다. 가격과 물건 모두 마음에 들지만 가격이 조율되고 나니 왠지 손해 보는 마음이 들어 다시 조율을 부탁한다. 매도는 그 가격에 팔 수 없는 가격이지만 매도를 해야 하니 울며 겨자 먹기로 매도를 한다.

이런 경우에 매도자는 원하는 가격보다 높은 금액으로 올려놓고 부동산 사장님에게 얼마 이하는 안 된다고 정해주어야 한다. 부동산 사장님이 납득할 만한 이유도 알려줘야 한다. "매도하면 세금이 얼마니 내 손에 들어오는 돈이 없다. 이 가격 이하에 매도하면 손해가 나서 안 된다. 분양받은 아파트 잔금 때문에 이 금액 이하는 안 된다. 남편(아내)이 안 된다고 했다" 등 납득할 만한 이야기를 해놓는다.

반대로 매수자라면 또 다른 치밀한 전략이 필요하다. 특히 이 정도 평수에 인테리어를 하려면 얼마 정도 비용이 필요한지 부동산 사장님에게 물어보고 그 금액을 조율에 이용하면 좋겠다.

우리는 매수도 하지만 언젠가 매도를 하게 되니 양측 입장에서 이야기하게 된다. 그런데 사람 마음이 참 이상하다. 가격을 내려주기 시작하면 다음에도 쉽게 내려준다. 관성을 끊어내야 한다. 또한 매수할 때는 저렴하게 사야 한다. 가격을 조율하여 저렴하게 사든 원하는 가격에 매도를 하던 모두가 기술이다. '제3자 화법'은 어떤 경우에도 통한다. 지기 싫은 마음과 이기고 싶은 마음은 매수매도에서 생기는 마음이기도 하지만 임차인과 임대인 관계에서 많이 생긴다. 임대인은 임차인 잘못이 많아 보이고 임차인은 집주인인데 당연히 해주어야 한다고 생각한다. 두 마음 방향이 서로 다른 쪽을 향하여 달리는 경우는 서로가 지기 싫고 이기고 싶은 마음이다.

임대인이 언제나 이길 수는 없으니 한 개를 주고 두 개를 받든, 두 개를 주고 한 개를 받든 먼저 마음속에 정해야 한다. 마음에서 어느 정도는 주려고 정하면 문제가 생겼을 때 불편한 감정 노출 없이 받아들이기 쉽다. 이런 점을 감안해서 월세를 더 받아두는 방법도 있다.

　사람관계에서 이기면 승자 같고 지면 바보 같지만 단순한 일회성 판단이다. 관계는 끝날 때까지 승자도 패자도 없다. 하나의 문제는 다른 문제에 영향을 미치기 때문이다. 내 경우는 가능하면 임차인과 갈등이 생길 틈을 주지 않는 편이다. 임차인에게 이기고 싶은 마음이 아예 없다. 그 동네에서 1등이라고 자부하는 집을 제공하고 임차인이 알아봐 주면 감사한 마음이 기본이니 문제가 생겨도 잘 해결해나간다.

39

처음 임장 가는 곳
부동산 사장님을 섭외하는 방법

부동산시장이 궁금하여 다른 도시로 방문할 일이 있다면 나는 준
비를 많이 하는 편이다. 각종 앱을 활용하기도 하고 학군, 상권, 일자
리까지 상세한 자료를 준비한다. 낯선 곳이기 때문에 1부터 10까지
철저하게 준비하는 과정에서 도시를 이해할 수 있다. 도시 공간 구조
와 아파트 가격 구조를 제대로 파악해야 하니 설레는 마음으로 며칠
동안 낑낑거리며 준비한다. 이런 스킬은 참고할 블로그도 많고 강의
에서 배우기도 한다. 파일을 만들고 지우고 다시 만들고를 반복한다.
선배들이 알려주기도 하고 스스로 찾아내는 탐구 시간도 보낸다.

준비작업이 마무리되면 이제부터 어느 부동산 중개사무소를 갈지
막막하다. 주변 지역에 살고 있다면 시간이 넉넉하니 며칠을 두고 다
니면 되지만 처음 가는 도시라면 걱정이다. 부동산 중개사무실을 선
택하는 소프트 스킬이 필요한 시점이지만 개별성이 강하니 참고 자

료가 많지 않다.

소프트 스킬의 특징은 상황별로 다르고 결과도 예측할 수 없다. 다만 참고할 뿐이다. 개인기술과 능력에 따라 더 많은 정보를 얻을 수도 있고 수박 겉만 바라보다가 끝날 수도 있다. 아는 사람을 소개 받기도 하고 현장에서 결정하기도 하는데 예약되어 있지 않으면 매물을 보고 싶어도 바로 볼 확률이 줄어든다.

조금 더 효율을 높이는 방법이 있을까? 얼마 전에 최 선생 전화를 받았다. 수원에 가려고 하는데 브리핑 받을 부동산을 소개받고 싶다는 이야기였다. 목적지는 광교였다. 나는 생각나는 대로 몇 가지를 이야기했다.

"우선 랜드마크 아파트 단지 내 상가 코너에 위치한 부동산 중개사무소를 방문하세요." 상가 프리미엄이 가장 높을 곳이기 때문이다. 중개사무실은 위치가 생명이기에 부동산 사장님은 눈에 가장 잘 띄는 위치 좋은 사무실을 앞다투어 선택한다. 당연히 매물 접수도, 성공 계약 건수도 많다. 내가 아는 부동산 사장님들도 프리미엄 높은 위치에 중개사무실을 운영하고 있다.

"그런 다음은 블로그에 글을 올리는 부동산 사장님을 찾아봅시다." 부지런하지 않으면 블로그 글을 올릴 수 없다. 글을 쓰려면 전체를 파악하고 있어야 한다. 이런 분들은 전문지식을 갖추고 지역에서 중개업무를 선도할 가능성이 크다.

지역분석을 하는 방법처럼 현장 임장도 꼼꼼하게 준비한 최 선생은 전화를 하고 약속시간을 정했다. 통화 내용을 간단하게 정리하면 블로그 너무너무 잘 봤고 우리는 지방이라 광교를 보고 싶지만 잘 모르니 설명해 주면 좋겠다. 매물로 나온 아파트까지 보여주기로 하고 통화는 잘 마무리되었다.

최 선생은 약속시간에 맞춰 방문하여 광교 지역에 대한 설명도 잘 듣고 조망이 좋은 아파트도 방문하는 기회를 얻었다. 이번 임장에서는 특히 전화로 예약한 부분이 많은 도움이 되고 보람이 있었다고 한다. 광교는 최 선생 마음에 생생하게 살아 있고 가격 변화를 주의 깊게 바라보는 계기가 될 것이다. 내 조언이 도움이 되었다니 참 다행이다.

40

원하지 않는 요구를
거절하는 방법

부동산 투자를 하면서 스트레스가 이만저만이 아니다. 사소한 스트레스가 많이 생기는데 길고 짧게 강하고 약하게 미처 다 셀 수도 없다. 부동산 중개인, 임차인, 인테리어업자, 법무사, 건축사, 세무서나 시청 같은 행정기관 등 아주 많은 관계자가 있다. 그들에게 99% 도움을 받지만 1% 스트레스가 더 크게 느껴질 때도 있다. 머리가 아프고, 배도 아프다. 온몸으로 느껴진다.

스트레스 받는 일들을 잘 해결해야 한다. 그중에서 부동산 중개 과정에서 간단하게 일을 처리하고 싶은 마음을 전하고 싶다. 사람 관계에서 생기는 사소한 일들을 바로바로 정리해야만 다른 일을 처리하는 데 시간이 확보된다. 작은 일로 오랫동안 시간을 쓰면 시간 낭비다. 이럴 때 내가 마음속에 간직한 단어는 '부동산 소프트 스킬'이다.

간단하게 정리해 보면 임차인이 이사 나가고 그 다음 날부터 공사 예정이다. 공사는 창문 한 개 교체, 도배, 장판, 싱크대 상판 교체, 약간의 바닥공사이니 아주 심플하다. 공사업체를 선정하고 실측도 완료되었다. 관련자 모두 이주 날짜를 정확하게 알고 있다. 다만 바닥이 고르지 않은 부분은 이사 가고 나면 장판을 철거하고 바닥을 공사하는 방식을 선택하기로 이미 소통이 완료된 상태다. 걱정거리가 없다. 공사업체도 여러 번 의뢰한 경험이 있고 유능한 사장님이라 신뢰하는 업체다. 지방이지만 현장에 갈 필요도 없을 만큼 매번 마음에 들게 시공했다.

그런데도 문제가 생기는 포인트는 사람이다. 이번에는 부동산 실장님이었다. 나는 그가 관련자 모두 확인이 완료된 내용을 참견하고 임대인을 컨트롤하고 싶어 한다고 생각했다. 하물며 내가 선정한 인테리어 업체까지 간섭하려고 했다. 부동산 실장님 입장에서는 관심이었겠지만 나는 실장님이 추천한 업체를 선정하지 않아서 받는 압박으로 느꼈다.

부동산 실장님의 이런 배려가 편할 때도 있지만 이번 건은 사양하고 싶었다. 지난번 본인이 추천한 업체를 선정하지 않았다고 일을 복잡하게 만든 부동산 사장님과 비슷한 유형이라 생각했기 때문이다. 또한, 다른 부동산 사장님은 중개를 의뢰했을 때 도배장판 정도만 요청했는데 이번 부동산 실장님은 나와 상의도 없이 바닥공사랑 멀쩡한 싱크대 상판을 추가했다. 비용도 150만 원 정도 추가되었다. 중개를 성공한 실장님이니 나는 추가된 인테리어 공사도 받아들였다. 역전세 상황이고 거래도 뜸하니 이 정도는 받아주었다.

그런데 자꾸 전화하여 이래라저래라 하니 나는 이 실장님 일처리 방식을 거절하고 싶었다. 이미 정확하게 전달된 내용이 있으니 계속 전화 받고 설명하는 일은 낭비다. 반복설명은 의미가 없고 실장님을 참여시킨다면 더 일이 복잡해지리라는 예상이 드니 고민이 되었다. 그러다 해결책을 찾았다. 이분과 통화하면서 특징을 알게 되었는데 본인이 중개 자격증이 없다는 사실을 정확히 알고 있었다. 중요한 사항은 사장님을 통해서 이야기를 전달하는 방식으로 일하고 있었다.

이런 내용을 알고 나니 정리가 필요한 시점이 왔다. 여기가 포인트다. 나도 계약서를 작성한 부동산 사장님과 의사소통을 하면 된다. 나는 부동산 실장님이랑 통화한 내용을 계약서 작성 시 서명한 부동산 사장님에게 정리하여 알려주었다.

"사장님! 임차인이 해달라고 하는 인테리어 작업이 잘 안 될까 봐 걱정이시죠? 제가 집주인입니다. 우리 집 공사를 제가 잘하지 못할 이유가 있겠습니까? 바닥공사는 장판을 걷어봐야 알 수 있다고 하니 이사 가시는 날 점검해서 공사 일정 알려드릴게요. 임차인이 원하는 벽지랑 장판 색상 정하는 일은 임대차 계약서에 있는 전화번호로 연락해서 임차인과 인테리어 사장님 두 분이 만나 결정할 수 있게 해드리겠습니다. 인테리어 공사하실 분은 잘하셔서 제가 여러 건 의뢰한 분이니 안심하세요. 실장님이 근심 걱정이 많으니 정리하여 알려드립니다."

부동산 사장님도 내 이야기를 받아들였다. 나는 불쑥불쑥 나를 방해하는 불편한 관심을 부동산 사장님을 통해서 예방했다. 궁금하고 걱정될 만한 사항을 알려 1차 문제를 해결했다. 나는 공사 중에 받게 될 스트레스를 최소화하려는 노력으로 더는 부동산 실장님 근심 걱정을 듣지 않아도 되었다.

부동산 투자는 물건을 분석하는 기술도 필요하지만 각양각색 사람 관계도 중요하다. 사람 관계에서 갈등을 조율하여 스트레스를 줄이고 원하는 결과를 이끌어내는 방법이 소프트 스킬이다.

41
—

제3자를 참여시키는 방법

　친구들과 저녁식사를 하는데 부동산 사장님이 약간 들뜬 목소리로 전화를 했다. 원래는 다른 아파트를 보러 왔는데, 집 상태가 좋은 우리 집으로 유도했다는 이야기다. 우리 집은 최근에 임차인이 이주하여 공실이 되었는데 2년 전 모습 그대로 깨끗했다. 깨끗한 집이라는 사실을 알고 있는 부동산 소장님이라 손님이 왔을 때 망설임 없이 우리 집을 소개한 모양이다. 나는 사진을 찍어 부동산 사장님에게 보내 주면서 집이 깨끗하니 신발을 벗고 들어가달라고 부탁했다. 슬리퍼를 가져가긴 했는데 타일이 미끄러워 넘어질 위험이 보여 치워놓았기 때문에 전화로 부탁했다.

　부동산 사장님이 중개 건을 설명하면서 언제까지 잔금하고 인테리어 한다는 이야기를 하는데 약간 이야기가 길어진다는 생각이 들었다. 매매가격을 내리기 위한 사전 배경 작업이었다. 전세금 반환을 해결하는 방법을 먼저 이야기하고 최근 거래된 낮은 금액을 나에게 알려주었다. 친구들과 시끌벅적한 식당에서도 나는 이런 뉘앙스를 알아챘다.

정신 바짝 차려야 한다. 나는 매도를 하여 전세금 반환을 해야 하지만 그들이 원하는 3천만 원을 내려줄 생각은 없었다. 이제 그들이 제시한 가격을 계약할 수 없는 이유와 내가 왜 그 가격을 원하는지를 알려줘야 했다. 부동산 사장님에게 중개에 사용할 명분이 필요했다. 만약에 이 계약이 안 되더라도 내게 전세금 반환을 할 다른 대안이 있음을 알려주고 전화를 끊었다.

잠시 기다리니 또 전화가 왔다. 이번에는 3천만 원이 아니라 천만 원을 깎자는 내용이다. 매수 쪽에서 사고 싶은 의사가 분명함을 알게 되었으니 이제 내 마음이 진짜 이 가격에 매도하고 싶은지 다시 확인해야 했다.

15년이나 보유한 아파트를 매도하는 일은 쉬운 일이 아니다. 아이들이 오래 사용한 피아노를 중고로 팔 때도 많이 허전했던 일을 생각하면 아파트는 더욱 애착이 있었다. 잠시 작전타임이 필요하다. 나는 남편과 상의한다는 이유로 일단 전화를 끊었다. 얼마 되지 않는 시간이지만 정말 중요하다. 거래를 거절하지는 않았지만 잠깐이라도 작전타임이 필요하다. 이 가격을 받아들여도 되는지 내 마음도 살피고 아주 살짝 줄다리기도 가능한 시간을 가져야 후회하지 않는다.

남편과 매도 진행 건을 의논하고 최종 통화에서 5백만 원씩 양보

했다. 매수 쪽에서는 3천만 원부터 시작하여 5백만 원을 조율하고 계약했다. 매도인 나는 매수자 요구를 거부하고 처음 받고 싶었던 가격에 거래할 수 있었다.

매도가격을 정해도 매수하겠다는 전화를 받으면 마음이 흔들린다. 부동산 사장님에게 매도하겠다는 금액은 알려주었는데 번복하기 미안할 때도 있다. 이럴 때는 제3자를 등장시켜보자. '가족과 상의해보겠다.' '가족이 안 된다고 하는 것을 내가 겨우 설득했다. 천만 원은 안 되고 삼백만 원만 조정 가능하다.'

가족들 의견이 사실이든 아니든 중요하지 않다. 내가 매도하고 후회하지 않아야 한다. 몇 십만 원이 아니라 수백만 원씩 손해를 볼 수도 있고 손해를 안 볼 수도 있다. 가장 적절한 제3자를 등장시켜 스토리를 만들어보자.

이 방법은 매도뿐만 아니라 매수에서도 중요하다. 우리 남편(아내)은 이 정도 가격만 가능하다고 하더라. 이러면 가장 마음이 바쁜 사람은 부동산 사장님이다. 거래가 되어야 수수료가 생기는 상황이니 어떻게든 거래가 되도록 실력을 발휘한다. 제3자는 나뿐만 아니라 부동산 사장님에게도 말하기 좋은 이야깃거리다. 매수자 남편이 이 금액 이상은 안 된다고 하니 양보를 부탁할 수도 있다. 우리는 부동산 사장님이 실력을 발휘할 영역을 확보해 주어야 한다. 부동산 거래는 매수자 매도자 그리고 부동산 사장님, 이렇게 세 명이 함께 부르는 노래다.

여기까지 읽어주셔서 감사합니다. 그리고 고생 많으셨습니다.

돈 이야기가 불편하지만 이 책은 거창한 부자를 위한 책이 아니라는 사실을 아셨을 것입니다.

이 책은 소소하게 반찬값 보태고 싶은 엄마의 마음부터 험난한 세상에 아이들 결혼시킬 때 부모 노릇 좀 해보고 싶은 마음에서 부동산 투자를 시작한 사람을 위한 책입니다. 경제적 자유를 외치지만 소소하게 가격표 안 보고 뭘 사보고 싶은 마음이 전부랍니다.

욕심을 크게 부린 게 아니거든요. 그런데 지금 어려움을 겪고 있어요. 늘어나는 대출이자 앞에서 차가운 현실을 마주하고 있습니다. 경제활동을 통해서 나를 찾아보고 싶었던 마음은 점점 쪼그라들고 있습니다.

제가 말하는 공실탈출은 한 마디로 '문제해결'입니다. 부동산과 인테리어를 연결하고, 부동산 사장님과 나를 연결하고, 나와 임차인을 잘 연결하는 기술을 통하여 역전세도 해결하고 대출이자도 줄이고 처음 생각했던 반찬값 조금 보태고 학원 한 개 더 보내고 싶었던 마음과 함께하고 싶은 책입니다.

어찌 도움이 좀 되셨을까요? 새로운 아이디어를 얻으셨나요? 마음이 좀 따뜻해졌나요?

얼마 전에 입춘이 지났어요. 제법 포근해진 것을 보니 봄이 곧 오려는가 봅니다. 부동산에도 언젠가 봄이 오겠죠. 봄이 올 때 그 바람을 놓치지 않기를 바랍니다.

이런 마음은 출판사 대표님도 함께 합니다. 여러 번 미팅 하면서 영감을 얻고 반영하고 검토하였습니다. 함께 생각을 나누고 아이디어를 내고 피드백을 수용하는 일은 즐거운 일입니다. 즐거운 작업으로 이끌어준 친구들과 가족 그리고 시공팀에게 사랑과 감사의 마음을 보냅니다.

더불어 이 책과 만난 모든 분들에게 응원을 보냅니다.

전세와 매매, 빌라부터 아파트 원룸까지
공실에서 가장 먼저 탈출하는 비밀

1판 1쇄 인쇄 2024년 02월 29일
1판 1쇄 발행 2024년 04월 01일

지은이 조복현
펴낸이 박현
펴낸곳 트러스트북스
등록번호 제2014 - 000225호
등록일자 2013년 12월 3일
주소 서울시 마포구 성미산로1길 5 백옥빌딩 202호
전화 (02) 322 - 3409
팩스 (02) 6933 - 6505
이메일 trustbooks@naver.com

ⓒ 2024 조복현

값 19,000원
ISBN 979-11-92218-78-6 03320

믿고 보는 책, 트러스트북스는 독자 여러분의 의견을 소중히 여기며,
출판에 뜻이 있는 분들의 원고를 기다리고 있습니다.